FACULTÉ DE DROIT DE PARIS.

THÈSE

POUR LE DOCTORAT

PAR

Jean-Baptiste-Eugène GARSONNET,

Né à Caen (Calvados), le 18 novembre 1841,

AVOCAT A LA COUR IMPÉRIALE DE PARIS.

PARIS

TYPOGRAPHIE DE HENRI PLON,

IMPRIMEUR DE L'EMPEREUR,

RUE GARANCIÈRE, 8.

—

1864

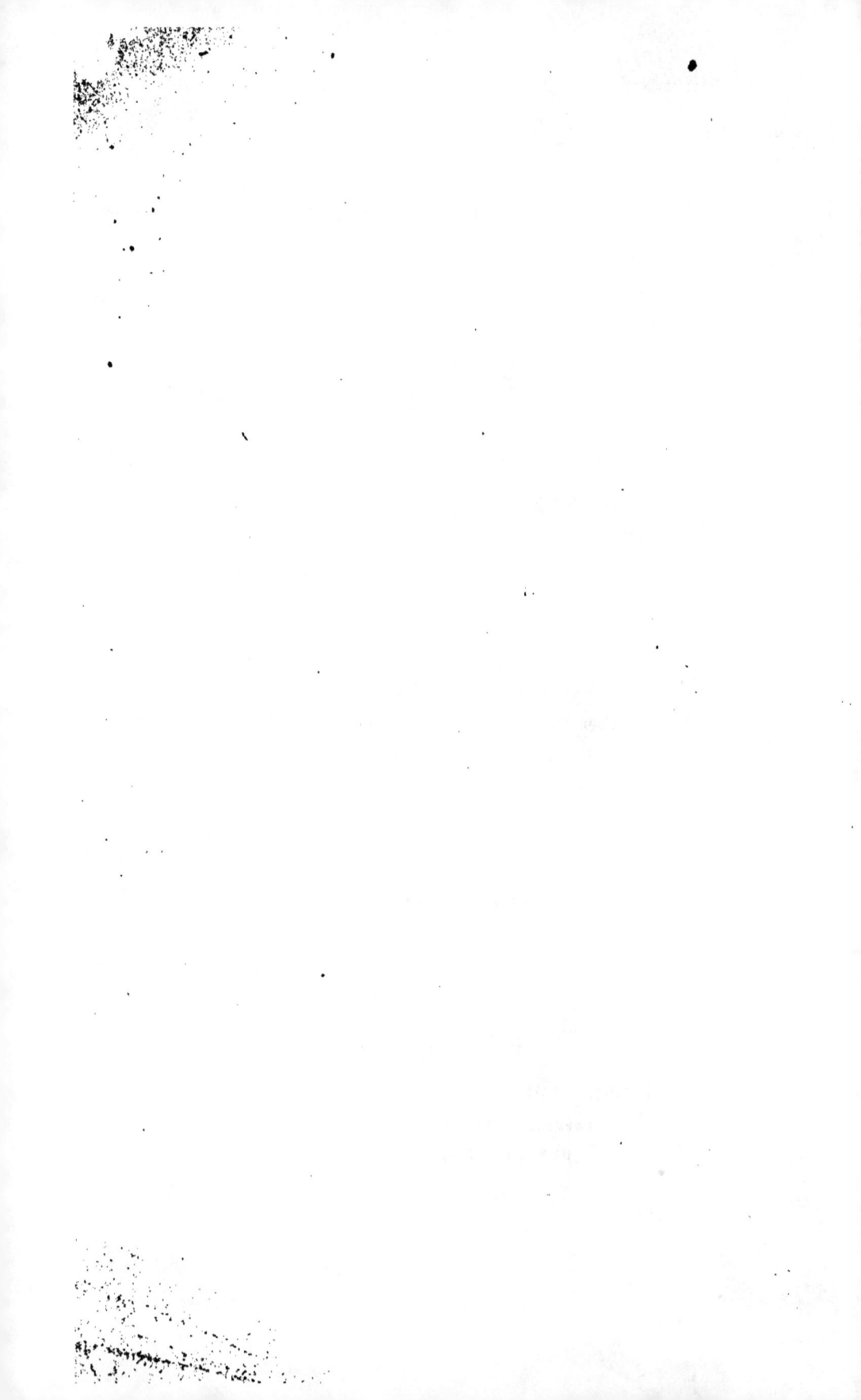

FACULTÉ DE DROIT DE PARIS.

DE LA RÉVOCATION DES ACTES FAITS PAR LE DÉBITEUR
EN FRAUDE DES DROITS DE SES CRÉANCIERS.

THÈSE
POUR LE DOCTORAT

SOUTENUE

Le jeudi 15 décembre 1864, à deux heures,

En présence de M. l'inspecteur général Ch. GIRAUD,

PAR

Jean-Baptiste-Eugène GARSONNET,

Né à Caen (Calvados), le 18 novembre 1841,

AVOCAT A LA COUR IMPÉRIALE DE PARIS.

Président : M. de VALROGER, professeur.

SUFFRAGANTS :
{ MM. DEMANGEAT,
  RATAUD,
  DEMANTE, } professeurs;
  BEUDANT, } agrégé.

PARIS

TYPOGRAPHIE DE HENRI PLON

IMPRIMEUR DE L'EMPEREUR

RUE GARANCIÈRE, 8.

1864

(C.)

A LA MÉMOIRE DE MA MÈRE

A MON PÈRE

DROIT ROMAIN.

1. L'action Paulienne que nous nous proposons d'étudier n'est pas la seule garantie qu'ait accordée le droit romain aux créanciers contre les actes frauduleux des débiteurs. Aussi, avant d'y arriver, exposerons-nous dans un chapitre premier l'ensemble de ces garanties, et réserverons-nous pour un second chapitre l'explication des deux titres consacrés par Justinien à l'action Paulienne : *quæ in fraudem creditorum facta sunt ut restituantur*, au Digeste (livre XLII, titre VIII); *de revocandis his quæ in fraudem creditorum alienata sunt*, au Code (livre VII, titre LXXV).

CHAPITRE PREMIER.

DES DIVERSES ACTIONS DONNÉES EN DROIT ROMAIN AUX CRÉANCIERS CONTRE LES ACTES FAITS PAR LEURS DÉBITEURS EN FRAUDE DE LEURS DROITS.

2. La révocation des actes faits par un débiteur en fraude des droits de ses créanciers est contemporaine de l'introduction du système formulaire et nous apparaît vers cette époque comme un incident de la *venditio bonorum*, ou procédure d'exécution sur l'ensemble du patrimoine, dont Gaius (1) attribue l'invention au préteur

---

(1) Gaius, *Comm.* IV, § 35.

Rutilius et qui, en 586 ou en 649 de la fondation de Rome, vint remplacer le système d'exécution forcée des actions de la loi, où les créanciers ne pouvaient en principe exercer leurs droits que sur la personne de leur débiteur, et où l'exécution sur les biens, *pignoris capio*, restreinte à des cas spéciaux, n'occupait qu'un rang secondaire. Déjà vers 429, une loi Pœtilia avait presque entièrement supprimé le *nexum* (1); la *bonorum venditio*, que remplaça plus tard la *bonorum distractio*, rendit l'*addictio* moins fréquente, et fit passer la poursuite sur les biens au premier rang parmi les voies d'exécution forcée.

Le préteur envoie les créanciers en possession des biens du débiteur; cet envoi qui ne leur donne que la détention des biens, protégée d'ailleurs par un interdit *ne vis fiat ei qui in possessionem missus est,* mais qui dessaisit le débiteur de l'administration de son patrimoine, impose aux créanciers l'obligation de l'administrer, soit par eux-mêmes, soit par un *curator bonorum*. Il profite à tous les créanciers, lors même qu'il n'a été obtenu que par un seul, et par conséquent (c'est une observation dont plus tard nous tirerons parti) le *pignus prœtorium* qui en dérive ne donne aucun droit de préférence au créancier qui l'a le premier obtenu (2). Après un certain délai, quinze jours si le débiteur est décédé, trente s'il est vivant, le préteur convoque les créanciers pour la nomination d'un *magister* qui présidera à la vente et la fera publier; puis, après un nouveau délai, trente jours si le débiteur est vivant, vingt s'il est décédé, on procède à la vente qui, à l'époque classique, est une vente en masse

(1) Tite-Live, liv. VIII, ch. xxviii.
(2) D. L. 5, § 2, *Ut in poss. leg. vel fid.*

du patrimoine (1). Mais plusieurs incidents peuvent tra-
verser cette procédure : par exemple une cession de biens
ou une séparation de patrimoines ; ou bien encore le
débiteur peut avoir, en prévision de cette *missio in possessionem* et pour y échapper, aliéné ses biens avec l'intention d'en frustrer ses créanciers, payé l'un d'eux au
détriment des autres, en un mot amoindri leur gage
commun et compromis leurs sûretés. Faits après la *missio
in possessionem,* de pareils actes seraient nuls, le débiteur
étant dessaisi de l'administration de son patrimoine ; faits
avant, ils sont valables dans la rigueur du droit civil,
mais le législateur ne pouvait pas ne pas prendre en considération les droits de créanciers victimes de la mauvaise
foi d'un débiteur insolvable, et aussi plusieurs voies de
recours leur furent-elles successivement données, tant
par le droit civil que par le préteur, contre les actes de
celui qu'à Rome on appelait le *defraudator.*

3. I. On trouve d'abord dans l'ordre des temps la loi
Ælia-Sentia. Portée vers la fin du règne d'Auguste, en
757 de Rome (5 de J.-C.), cette loi qui restreignait le
droit d'affranchissement, soit à raison de l'âge du maître,
soit à raison de l'âge ou de l'indignité de l'esclave, contenait aussi, contre les affranchissements en fraude des
créanciers, une disposition qui, à la différence des autres
prohibitions de la même loi, s'appliquait aux pérégrins (2)
et a passé presque sans être modifiée dans le droit de
Justinien. « *Is qui in fraudem creditorum manumittit,*
nous dit Gaius (3), *nihil agit, quia lex Ælia-Sentia impedit libertatem.* » Pour que l'affranchissement soit nul aux

---

(1) Gaius, *Comm.* III, §§ 77-81.
(2) Gaius, *Comm.* I, § 47.
(3) *Comm.* I, § 37.

termes de la loi Ælia-Sentia, il faut, d'après Justinien (1)
deux conditions, le *consilium fraudis* et l'*eventus damni*,
c'est-à-dire la connaissance de la part du maître que
l'affranchissement le rendra insolvable ou augmentera
son insolvabilité, et le préjudice causé réellement aux
créanciers, et telle était, dès l'époque classique, l'opinion
de Papinien (2) et de Julien (3); mais Gaius n'exigeait
pas qu'il y eût *consilium fraudis*, et, en reproduisant dans
ses Institutes le fragment de ce jurisconsulte, Justinien y
a ajouté cette phrase qui indique du reste une controverse
à trancher : « *Prævaluisse tamen videtur, nisi animum
quoque fraudandi manumissor habuerit, non impediri
libertatem, quamvis bona ejus creditoribus non suffi-
ciant* » (4). Mais, moyennant que ces deux conditions se
trouvassent réunies, on avait poussé la rigueur jusqu'à
décider que, si le maître insolvable laissait un héritier
solvable, alors même l'affranchissement serait non avenu,
tant on craignait que l'héritier obligé de l'exécuter n'ai-
mât mieux répudier l'hérédité et que le *de cujus* ne se
trouvât intestat (5). Les créanciers avaient probablement
un délai de dix ans pour attaquer l'affranchissement; on
sait seulement que, s'il était fait en fraude du fisc, celui-
ci avait dix ans pour agir (6) ; mais il est vraisemblable
que c'était l'application du droit commun.

A ce principe la loi Ælia-Sentia ne faisait qu'une exception; elle maintenait l'affranchissement fait par un maître
insolvable et de mauvaise foi quand, en le faisant, il avait

(1) *Inst.*, liv. I, tit. VI, § 3.
(2) D. L. 79, *De reg. jur.*
(3) D. L. 15, *Quæ in fraud. cred.*
(4) *Inst.*, liv. I, tit. VI, § 3.
(5) D. L. 5, pr., *Qui et a quib. man.*, 57, *De man. test.*
(6) D. L. 16, § 3, *Qui et a quib. man.*

institué l'esclave héritier; car, faire tomber cet affranchissement, c'eût été laisser le défunt sans héritier, et on
sait combien les Romains répugnaient à mourir intestats.
Mais il fallait pour cela qu'il n'y eût pas d'autre moyen
de donner au défunt un héritier, et si, par exemple, il
avait ainsi affranchi deux esclaves, le premier était seul
libre; car cela suffisait pour que le défunt ne fût pas mort
intestat; la loi Ælia-Sentia disait elle-même : « *Ut si duo
pluresve ex eadem causa hæredes scripti sint, uti quisque
primus scriptus sit, hæres sit* » (1), et on avait poussé la
rigueur, pour ne pas dire la subtilité, jusqu'à annuler
l'un et l'autre affranchissement, si les deux esclaves portaient le même nom; car, disait-on, on ne peut pas
savoir auquel des deux le testateur a donné la préférence :
invicem enim eos sibi obstare (2). Sous Justinien, pour que
l'exception pût s'appliquer, il n'était pas nécessaire que
le maître eût affranchi expressément son esclave; il suffisait qu'il l'eût institué héritier, « *quia non est verisimile*,
dit Justinien, *eum quem hæredem sibi elegit, si prætermi-
serit libertatis dationem, servum remanere voluisse et neminem sibi hæredem fore* ». Gaius et Ulpien annulaient
l'institution, mais il paraît que cette question faisait
déjà quelque doute parmi les jurisconsultes classiques (3).

4. Toutefois il faut noter, au point de vue de la loi
Ælia-Sentia, une différence remarquable entre la liberté
directe et la liberté fidéicommissaire. Il y a, comme on
sait, en droit romain, deux manières de laisser par acte
de dernière volonté la liberté à un esclave : le legs de

---

(1) *Inst.*, liv. I, tit. VI, § 16; Ulpien, *Reg.*, tit. I, § 14; D. L. 60, *De
hær. inst.*
(2) D. L. 42 et 43, *De hær. inst.*
(3) *Inst.*, liv. I, tit. VI, § 2; Gaius, *Comm.* II, § 187; C. L. 5. *De nec.
serv. hær.*

liberté qui ne peut être fait que par testament, à la charge de l'héritier testamentaire et au profit de l'esclave dont le testateur a la propriété au moment de son testament et au moment de son décès, et qui fait de cet esclave un affranchi du défunt, *libertus orcinus;* le fidéicommis de liberté qui peut se trouver dans un codicille, au profit de l'esclave d'autrui et à la charge de l'héritier *ab intestat,* et qui donne pour patron à l'affranchi, non pas son maître défunt, mais la personne chargée de l'affranchir (1). Or, le fidéicommis de liberté, comme un legs ou un fidéicommis pécuniaire, est soumis à la règle *nemo liberalis nisi liberatus:* il ne s'acquitte qu'après toutes dettes payées, et il suffit pour qu'il soit sans effet que l'hérédité soit insolvable, quand même, en le faisant, le débiteur n'aurait ni su ni voulu aggraver son insolvabilité. Au contraire, la liberté léguée *directo competit statim*, suivant l'expression de Cujas (2), sans le fait de l'héritier et par cela seul qu'il a fait adition d'hérédité; aussi, pour qu'il y soit mis obstacle, faut-il qu'elle ait été donnée *in fraudem creditorum,* c'est-à-dire qu'au préjudice causé aux créanciers se joigne l'intention frauduleuse du maître. On peut donc dire que la loi Ælia-Sentia ne s'appliquait qu'aux legs, et non aux fidéicommis de liberté. Cette différence entre le legs de liberté et les autres legs ou fidéicommis est ainsi résumée dans la loi 23 D. *quæ in fraudem creditorum : « Libertates quidem si in fraudem creditorum datæ non essent competere ; legata vero si solvenda non esset hæreditas non deberi. »*

5. II. Mais c'est au droit prétorien qu'il appartenait de formuler une théorie générale sur les actes faits par

___

(1) *Inst.*, liv. II, tit. XXIV, § 2.
(2) *Ad legem*, 15, D., *Quæ in fraud. cred.*

un débiteur en fraude des droits de ses créanciers, et de tempérer la rigueur du droit civil qui ne donnait de recours à ces derniers que contre les affranchissements, par une règle nouvelle qui s'appliquât non plus seulement à une catégorie d'actes déterminés, mais à toutes les formes si diverses que la fraude est susceptible de revêtir. « *Necessario prætor hoc edictum proposuit quo consuluit creditoribus revocando ea quæcumque in fraudem creditorum alienata sunt* » (1). Ce fut sans doute la loi Ælia-Sentia qui donna à un préteur, Paul, la pensée d'insérer dans son édit une disposition qui devint *tralatitia*, et dont le texte même nous a été conservé : « *Quæ fraudationis causa gesta erunt cum eo qui fraudem non ignoraverit de his curatori bonorum vel ei cui de ea re actionem dari oportebit, intra annum quo experiundi potestas fuerit, actionem dabo, idque etiam adversus eum qui fraudem fecit, servabo* » (2). Telle est l'origine de l'action qui a passé dans les législations modernes sous le nom d'action Paulienne, quoique ce nom ne lui soit donné que dans deux textes, la loi 38, § 4, D. *de usuris*, et la paraphrase de Théophile sur le § 6 *de actionibus*, aux Instituts de Justinien.

6. L'action Paulienne, avons-nous dit, fut introduite par extension de la loi Ælia-Sentia. C'est cependant un point très-délicat que de savoir laquelle de ces deux dispositions est venue la première. Beaucoup d'auteurs (3) pensent que c'est l'édit du préteur et que la loi Ælia-Sentia lui est postérieure, et pour expliquer comment une loi fut nécessaire pour faire tomber les affranchissements

---

(1) D. L. 1, § 1, *Quæ in fraud. cred.*
(2) D. L. 1, pr., *Quæ in fraud. cred.*
(3) Cujas, *Ad titulum Codicis de revocandis his...* ; Schrader, sur le § 6, Inst., *De act.*

en fraude des créanciers, alors que le préteur avait déjà porté une disposition s'appliquant d'une manière générale à tous les actes entachés du même vice, ils font remarquer que le préteur avait probablement hésité à annuler un affranchissement et à faire rentrer un homme en servitude, en rescindant la liberté qui lui avait été donnée. Si on leur objecte que, par la *bonorum possessio contra tabulas* donnée à l'enfant émancipé omis dans le testament du *pater familias*, le préteur faisait tomber avec le testament les affranchissements testamentaires (1), ils répondent qu'à cette époque, c'est-à-dire sous Auguste, cette *bonorum possessio* n'était encore que *sine re* et que, par conséquent, elle tombait devant la pétition d'hérédité intentée par les héritiers institués.

Si douteuse que cette question puisse paraître, il nous semble cependant plus naturel que la loi Ælia-Sentia ait précédé l'édit *quæ in fraudem creditorum*. Il est plus conforme au caractère général du développement du droit romain que le préteur se soit inspiré du droit civil que le droit civil du droit prétorien, et qu'il ait fait, dans l'intérêt de l'équité, une théorie générale de ce qui n'était en droit civil qu'une disposition particulière. Il n'est presque aucune des innovations du droit prétorien qui n'ait son fondement dans le droit civil, et il est difficile de croire que dans notre matière ce soit la marche inverse qui ait été suivie. D'autre part, le respect des Romains pour la liberté est un fait certain, et dont on trouve plus d'un exemple ; mais il est aussi certain que la *bonorum possessio contra tabulas* faisait tomber les affranchissements, et qu'elle ait été *sine re* à l'époque d'Auguste,

---

(1) Gaius, *Comm.* II, § 135.
(2) D. L. 1, § 2, *Quæ in fraud. cred.*

c'est plus douteux. D'ailleurs, là n'est pas la question :
il s'agit de savoir si l'édit du préteur, tel qu'il nous est
parvenu, en le supposant antérieur à la loi Ælia-Sentia,
devait ou non s'appliquer aux affranchissements; car, s'il
s'y appliquait, la loi Ælia-Sentia était désormais inutile.
Or, il nous paraît certain qu'en fait l'édit du préteur, cet
édit dont Ulpien nous dit : « *Verba edicti late patent* »; cet
édit qui était conçu en termes si généraux : « *Quæ fraudationis causa gesta erunt* », devait s'appliquer aux affranchissements, et, s'il s'y appliquait, encore une fois, pourquoi la loi Ælia-Sentia ? Nous aimons mieux croire que
la loi Ælia-Sentia est antérieure à l'édit, et que, si elle
est armée d'une sanction plus radicale, cela tient à
la différence des procédés du droit civil et du droit prétorien et à la nature spéciale des actes auxquels elle s'applique (*infra*, n° 7) (1).

Il est vrai qu'on a cru trouver dans un passage de
Cicéron une application de l'action Paulienne : s'il en
était ainsi, cette action serait sans aucun doute antérieure à la loi Ælia-Sentia, et cet argument a paru décisif à Cujas et à Schrader. Cicéron écrit en l'an de Rome
688 à Atticus : « *Cæcilius avunculus tuus, quum à P. Vario
magna pecunia fraudaretur, agere cœpit cum ejus fratre
Caninio Satrio de iis rebus quas eum dolo malo mancipio
accepisse de Vario diceret. Una agebant cum eo ceteri creditores in quibus erat Lucullus et is quem putabant magis-
trum fore, si bona venirent, L. Pontius* » (2). Il s'agit là
d'un débiteur qui, pour frauder ses créanciers, a aliéné
ses biens au profit de son frère. Au premier abord il pa-

---

(1) Capmas, *De la révocation des actes faits par le débiteur, en fraude
des droits du créancier*, p. 11.
(2) Cicéron, *ad Atticum*, I, 10.

raît y avoir là une application de l'édit *quæ in fraudem creditorum;* cependant nous sommes plus porté à y voir une action analogue à celle qu'on appelle aujourd'hui action en déclaration de simulation, distincte de l'action Paulienne avec laquelle elle est souvent confondue. Disons seulement ici, sans anticiper sur les développements que nous présenterons plus tard à ce sujet (*infra,* n° 65), que c'est l'action par laquelle les créanciers d'une personne qui a, par un acte illusoire, essayé de les tromper, et passé, comme on dit vulgairement, ses biens sous le nom d'autrui, attaquent en justice cette aliénation simulée pour faire déclarer qu'elle est non pas frauduleuse, car elle n'est pas sérieuse, mais feinte et apparente. Il est vrai qu'à notre connaissance aucun texte ne révèle l'existence de cette action en droit romain ; mais ce genre de fraude était certainement connu, et il est permis de croire que la *mancipatio familiæ* qui se faisait *dicis gratia* du temps de Gaius, dans le testament *per æs et libram* (1), pouvait servir entre-vifs à faire passer tout le patrimoine d'une personne sur la tête d'une autre. Peut-être atteignait-on un pareil acte par l'action de dol, et il est possible que Cicéron fasse allusion à cette action, puisqu'elle fut créée, il nous le dit lui-même, par son ami et contemporain Aquilius Gallus (2), et Aquilius Gallus n'aurait certes pas refusé d'accorder l'action sans une pareille hypothèse; car, nous dit encore Cicéron (2) : « *Quum ex eo quæreretur quid esset dolus malus, respondebat, quum esset aliud simulatum aliud actum.*»

7. Cette question n'a d'ailleurs qu'un intérêt histo-

(1) Gaius, *Comm.* II, §§ 103 et 104.
(2) Cicéron, *De officiis,* III, 14.
(3) *Ib.*

rique. Un point plus important, c'est que la sanction de la loi Ælia-Sentia était bien plus radicale que la sanction de l'édit du préteur : tandis que l'édit du préteur ne donnait qu'une action en révocation, la loi Ælia-Sentia annulait de plein droit, *ipso jure*, l'affranchissement fait *in fraudem creditorum : testator nihil agit, lex Ælia-Sentia impedit libertatem* (1). Cette différence s'explique d'ailleurs facilement : ce qui est fait contrairement au droit civil est nul de plein droit, ce qui est conforme au droit civil est valable, et le préteur ne peut donner qu'un moyen indi.. ct de le faire tomber, une action ou une exception prétorienne. Mais il y avait aussi dans l'espèce pour le droit civil une raison particulière de procéder par voie de nullité absolue : il aurait paru *inelegans, incivile* de faire rentrer un homme libre en esclavage : « *Utique non erit dicendum revocari libertates quæ semel competierunt* (2) »; on aimait mieux dire qu'il n'avait jamais été affranchi, qu'il n'était jamais sorti de servitude. Toutefois, il faut entendre cela avec réserve : l'esclave affranchi *in fraudem creditorum* ne reste pas pour cela en servitude ; tant que la nullité n'est pas demandée, il jouit d'une liberté de fait; mais, en prouvant la fraude, les créanciers font déclarer qu'en droit il n'a jamais cessé d'être esclave.

8. Ces difficultés historiques ne sont pas les seules que présente l'action Paulienne, et nous touchons à l'une des controverses les plus graves qu'il y ait sur cette matière. Tandis, en effet, que cette action nous est présentée dans presque tous les textes du Digeste comme une action personnelle (3), Justinien, dans ses Institutes, la place

---

(1) Gaius, *Comm.* I, § 37; *Inst.*, liv. I, tit. VI, pr.
(2) *Inst.*, liv. III, tit. XI, § 5.
(3) V. notamment, D. L. 9, 10, § 25, 14, 17, § 1, *Quæ in fraud. cred.*, 38, pr., et § 4, *De us.*

au nombre des actions réelles. Après avoir ainsi formulé la distinction des actions réelles et personnelles : « *Agit unusquisque aut cum eo qui ei obligatus est... aut agit cum eo qui ei nullo jure obligatus est, movet tamen alicui de aliqua re controversiam, quo casu proditæ sunt actiones in rem*(1) », il énumère les diverses actions réelles, la revendication, les actions confessoire et négatoire, l'action Publicienne, et il continue : « *Item si quis in fraudem creditorum rem suam alicui tradiderit, bonis ejus a creditoribus ex sententia præsidis possessis, permittitur ipsis creditoribus eam rem petere, id est dicere eam rem traditam non esse et ob id in bonis debitoris mansisse* (2) ». Ce passage a donné lieu aux difficultés les plus sérieuses : l'action Paulienne est-elle réelle ou personnelle ? Est-ce bien de l'action Paulienne qu'il s'agit dans ce passage ? N'y aurait-il pas deux actions Pauliennes ?

Mais, avant d'arriver à cette controverse, remarquons que ce n'est pas seulement aux Instituts, comme on le dit souvent, que l'action Paulienne est présentée comme une action réelle : les lois 7 et 18 D. *quæ in fraudem creditorum* lui reconnaissent le même caractère. Elles la supposent intentée, la loi 7, pour faire révoquer une aliénation ; la loi 18, pour faire révoquer la libération d'une hypothèque, et cela, dans des termes qui ne permettent pas de douter du caractère de réalité de l'action : « *petant.... revocando* », dit la loi 7 ; « *revocabitur* », dit la loi 18.

9. D'après Vinnius (3), l'action Paulienne, même celle des Instituts, est toujours personnelle : si Justinien lui

---

(1) *Inst.*, liv. IV, tit. VI, § 1.
(2) *Ib.*, § 6.
(3) Sur le § 6, Inst., *De act.*

donne une place parmi les actions réelles, c'est qu'à cause de la fiction qui lui sert de base (*rescissa traditione eam rem petere*), il est amené à la comparer à des actions réelles, il est vrai, mais aussi fictices, comme l'action Publicienne et l'action Publicienne rescisoire. Ce qui prouve d'ailleurs que ce n'est pas une action réelle, c'est qu'aux termes mêmes des Institutes, les créanciers ne disent pas dans leur *intentio rem suam esse*, mais *rem in bonis debitoris mansisse*. — De toutes les opinions, c'est certes la moins admissible, car les actions qu'énumère Justinien dans les §§ 1-6 *de actionibus* aux Institutes, ce ne sont pas les actions fictices, mais les actions réelles; et, quand, après avoir énuméré plusieurs actions réelles, il ajoute *Item...*, comment croire que celle dont il va parler ne soit pas également réelle? D'ailleurs, comment Vinnius n'a-t-il pas aperçu qu'en faisant de l'action Paulienne une action toujours personnelle, il lui ôte tout caractère commun avec l'action Publicienne rescisoire à laquelle il prétend que Justinien a voulu la comparer? Et enfin, qu'importe que l'*intentio* de cette action soit *rem in bonis debitoris mansisse* plutôt que *rem suam esse?* Est-ce que tout droit réel est un droit de propriété, et toute action réelle une revendication? Est-ce que, par exemple, l'action quasi servienne ou hypothécaire, à laquelle Justinien fait allusion immédiatement après, n'est pas une action réelle? Et cependant le créancier hypothécaire ne prétend assurément pas *rem suam esse*.

10. Doneau (1) et Voet (2) forment une autre conjecture : cette action dont il est question aux Institutes n'est pas l'action Paulienne, c'est l'action hypothécaire

---

(1) *Ad hunc titulum.*
(2) *Ad hunc titulum,* n° 12.

2

dérivant du *pignus prætorium* qui résulte de la *missio in possessionem*, c'est l'action intentée par le créancier pour faire rentrer dans le patrimoine du débiteur les biens en possession desquels il a été envoyé, et que le débiteur a aliénés malgré la *missio in possessionem*. Ils argumentent de ces mots du § 6 *de actionibus* aux Institutes : *bonis ejus a creditoribus ex sententia præsidis possessis*, qu'ils entendent en ce sens : si quelqu'un, en fraude de ses créanciers, a livré sa chose à un tiers, après que la *missio in possessionem* de ses biens a été prononcée par le président de la province. — Mais cette opinion rencontre bien des objections. Elle crée une troisième action hypothécaire, alors que les textes ne nous en signalent que deux, l'action Servienne et l'action quasi Servienne, et que, de plus, le texte des Institutes, au titre *de actionibus*, distingue avec soin l'action dont il s'agit au § 6 des deux actions hypothécaires dont il est parlé au § 7. De plus, si cette même action est une action hypothécaire, on ne comprend pas pourquoi son admission est subordonnée à la condition d'une aliénation *in fraudem creditorum*. Puis le § 6 parle d'une action fictice, et l'action hypothécaire ne repose pas sur une fiction, elle tient l'aliénation pour valable, mais prétend seulement que le débiteur n'a pu aliéner la chose hypothéquée que sous les mêmes charges qui la grevaient dans ses mains, et que l'hypothèque la suit, par conséquent, entre les mains du tiers acquéreur. Du reste, les mots *bonis ejus a creditoribus ex sententia præsidis possessis* ne forment pas pour l'opinion que nous combattons un argument solide; ils peuvent tout aussi bien vouloir dire : il est permis aux créanciers, après avoir obtenu l'envoi en possession du président de la province.... Et enfin, l'opinion de Doneau et de Voet suppose que le *pignus prætorium* donne un droit réel, et c'est un point contesté; d'ailleurs cette matière est étrangère à notre sujet, et nous ne voulons pas y insister.

Mais ce qui prouve surtout que l'action mentionnée au § 6 *de actionibus* aux Institutes est l'action Paulienne, c'est la paraphrase de Théophile sur ce paragraphe : ce passage est important et mérite d'être rapporté en entier : « *Porro et est alia actio in rem a prætore inventa, velut in hac specie : quidam multis creditoribus obnoxius quædam ex bonis suis alienavit et ut dominus, scilicet per traditionem, dominium in accipientem transtulit. Creditoribus qui in bona debitoris ex sententia præsidis missi sunt, quum alienatio hæc in fraudem ipsorum facta sit, permissum est in rem agere cum eo qui eam possidet. Quæ actio vocatur Pauliana in eaque perinde ac si res tradita a debitore non fuisset, dicunt :* SI PARET EAM REM IN BONIS DEBITORIS MANSISSE. »

11. Il résulte de tout cela que tous les efforts pour démontrer que l'action Paulienne est toujours personnelle sont restés infructueux, et qu'elle est quelquefois réelle. Mais, se jetant dans une autre extrémité, des auteurs ont conjecturé qu'elle était toujours réelle, et que l'action même à laquelle est consacré le titre *quæ in fraudem creditorum* au Digeste est une action réelle. Il suffit pour réfuter cette thèse de faire observer que par cette action on pouvait faire revivre un droit de créance (1), qu'elle se donnait contre les héritiers (2), contre l'acquéreur de mauvaise foi, alors même qu'il ne possédait pas (3), enfin contre celui qui avait une action pour le contraindre à la céder (4). Indiquer ces applications, c'est

(1) D. L. 17, pr. *Quæ in fraud. cred.*
(2) D. L. 10, § 25, *cod. tit.*
(3) D. L. 9, *cod. tit.*
(4) D. L. 14, *eod. tit.*

démontrer surabondamment que l'action Paulienne n'était pas toujours réelle.

12. Enfin, une autre opinion a été émise par Schrader (1). D'après cet auteur, l'action Paulienne serait tantôt réelle, tantôt personnelle : réelle, quand il s'agirait d'attaquer une aliénation ; personnelle, quand il s'agirait d'attaquer un autre acte, une libération par exemple. De plus, elle serait toujours fictice, et Schrader la compare à l'action par laquelle le *bonorum emptor* agit *ficto se hærede* contre les héritiers du *defraudator* ou les tiers qui ont acquis de lui, action qui est personnelle ou réelle, suivant la nature du droit qu'invoque le demandeur (2). Nous discuterons plus tard cette opinion (*infra*, n° 21); qu'il nous suffise de dire dès à présent que l'action Paulienne dont il est traité au Digeste est dite *in factum;* preuve évidente qu'elle n'est pas fictice; et que ce caractère n'appartient qu'à l'action dont il est question aux Institutes.

13. En définitive, l'opinion à laquelle il faut s'en tenir est l'opinion commune (3), qui reconnaît l'existence en droit romain de deux actions Pauliennes : l'une personnelle au Digeste; l'autre réelle aux Institutes. De toutes les interprétations, c'est la seule qui ne néglige aucun texte, et qui rende raison de toutes les décisions en apparence inconciliables, que nous y rencontrons. Nous allons d'ailleurs montrer que ces deux actions ne font pas double emploi.

Quant aux conditions de l'une et de l'autre, nous sommes convaincu qu'elles étaient les mêmes. Nous

---

(1) Sur le § 6, Inst., *De act.*
(2) Gaïus, *Comm.* IV, § 35.
(3) Ducaurroy, t. II, nᵒˢ 1198-1200; Ortolan, t. III, n° 2086.

examinerons en détail dans la seconde partie de ce travail les conditions de l'action personnelle, et nous dirons seulement ici qu'elles sont plus ou moins rigoureuses suivant que l'acte fait par le débiteur est un acte à titre gratuit ou à titre onéreux et que les tiers avec qui il a traité sont ou non complices de sa mauvaise foi. Les mêmes distinctions se rencontraient certainement dans l'action réelle. Au premier abord on pourrait en douter, et c'est là que quelques auteurs ont cru trouver l'intérêt de la question de savoir si l'action Paulienne est réelle ou personnelle (1). Mais nous sommes persuadé que, dans un cas comme dans l'autre, le préteur admettait ces distinctions: l'action réelle en effet, il la donnait à la suite d'une *restitutio in integrum* et, comme le dit un texte relatif aux *restitutiones in integrum: rescissa alienatione, dato in rem judicio* (2); or Modestin nous apprend en termes formels que « *omnes in integrum restitutiones causa cognita a » prœtore promittuntur, scilicet ut justitiam earum cau- » sarum examinet, an verœ sint quarum nomine singulis » subvenit* » (3). Et si la *restitutio in integrum* ne s'accordait que *cognita causa*, il est impossible que le préteur, juge absolu et en dernier ressort du droit des parties et de l'équité de la demande, n'accordât pas au tiers acquéreur de bonne foi la même protection que dans l'action personnelle. Il n'était donc aucunement lié par le caractère réel de l'action qu'il accordait, et, si, dans le silence du droit civil, ses pouvoirs étaient illimités, il devait y trouver le droit, suivant les exigences de l'équité, de refuser l'action comme de l'accorder. Ce qui

(1) Ducaurroy, t. II, n° 1200.
(2) D. L. 13, § 1, *De min.*
(3) D. L. 3, *De in int. rest.*

prouve d'ailleurs que la question de savoir contre qui
l'action sera donnée ne dépend pas de sa personnalité ou
de sa réalité, c'est que les actions Favienne et Calvisienne dont il sera question plus loin (*infra*, n° 17) se
donnent contre le tiers acquéreur de bonne foi, ce qui
ne les empêche pas d'être *in personam non in rem* (1).

C'est par leurs effets que diffèrent l'action Paulienne
réelle et l'action Paulienne personnelle. Tout d'abord, et
ceci ne demande pas d'explications, l'action réelle est la
moins étendue, elle ne peut s'appliquer qu'à des aliénations, tandis que l'action personnelle, nous le dirons
plus loin, s'applique à tous les actes frauduleux du
débiteur, de quelque nature qu'ils puissent être, aliénations, obligations, libérations. C'est là ce qui lui
donne un grand avantage sur l'action réelle. Mais en
ce qui concerne les aliénations mêmes, ces deux actions
se distinguent par des différences pratiques dont voici
les principales:

Ce sont d'abord des différences de procédure. Dans
l'action personnelle le défendeur, comparaissant lui-
même, ne doit aucune caution; dans l'action réelle, il
doit la caution *judicatum solvi* (2). L'action personnelle
se porte toujours devant le *forum rei;* l'action réelle, sous
les Empereurs, se porte quelquefois devant le *forum rei
sitæ* (3).

Mais les principales différences tiennent aux résultats
de l'une et l'autre action:

1° Dans l'action personnelle, la *litiscontestatio* et la
condamnation opèrent *ipso jure* l'extinction du droit ori-

(1) Cpr., les §§ 4 et 26 de la L. 1, D., *Si quid in fraud. patr.*
(2) Gaius, *Comm.* IV, §§ 91 et 102.
(3) C. L. un. *Ubi de har. ag.*, 1, 2 et 3, *Ubi in rem actio.*

ginaire; dans l'action réelle, cette extinction n'a lieu qu'*exceptionis ope* (1).

2° Nous pensons que l'action réelle et l'action personnelle sont toutes deux arbitraires, l'une à titre d'action réelle (2), l'autre (nous reviendrons sur ce point, *infra*, n° 24) comme action personnelle tendant à une restitution; nous croyons de plus qu'à l'époque classique les actions arbitraires étaient susceptibles d'exécution *manu militari* (3); mais il fallait pour cela que cette exécution fût possible, c'est-à-dire que la satisfaction exigée du défendeur fût une restitution de possession, et non pas une retranslation de propriété, car on ne comprend pas l'exécution directe et forcée d'un acte juridique qui exige le concours du défendeur. Et de là résulte une grave différence entre l'action Paulienne personnelle et l'action Paulienne réelle. Celle-ci se donnant à la suite d'une *restitutio in integrum,* l'aliénation est rescindée, le débiteur est censé avoir toujours été propriétaire, et, par conséquent, il ne s'agit plus que de lui retransférer la possession de l'objet aliéné; le *jussus judicis* est donc susceptible d'une exécution *manu militari.* Dans l'action personnelle, au contraire, les créanciers concluent à ce que le défendeur soit condamné à retransférer la propriété de l'objet qu'il a acquis *in fraudem creditorum:* l'exécution *manu militari* de ce fait juridique n'est pas praticable, et les créanciers sont, par conséquent, réduits à la condamnation pécuniaire, sanction unique du *jussus* quand la nature de cet ordre ne se prête pas à une exécution forcée. Cette condamnation est fixée par le *jusjurandum in litem* du de-

---

(1) Gaius, *Comm.* IV, § 107.
(2) *Inst.,* liv. IV, tit. VI, § 31; D. L. 10, § 3, *De pign. et hyp.*
(3) D. L. 68, *De r civ.*

mandeur quand il y a dol ou *contumacia* de la part du défendeur qui ne restitue pas (1) et par le juge *quanti actoris interest* quand c'est seulement par sa faute que le défendeur est hors d'état de restituer (V. *infra* n° 24).

3° Dans le même ordre d'idées l'action réelle fait rentrer le bien aliéné dans le patrimoine du débiteur et assure par conséquent un droit exclusif sur cet objet aux créanciers qui l'y ont fait rentrer. L'action personnelle, au contraire, n'aboutit qu'à une condamnation pécuniaire et, par là même, ne donne aucun droit de préférence aux créanciers du *defraudator* contre les créanciers du tiers acquéreur en cas d'insolvabilité de celui-ci.

4° L'action réelle ne se donne que contre celui qui possède encore ou qui a cessé par dol de posséder; l'action personnelle se donne contre l'acquéreur, alors même qu'il a cessé sans dol de posséder (2).

Enfin 5° le donateur, qui a reçu la chose de bonne foi et l'a aliénée à titre onéreux, étant encore de bonne foi, est à l'abri de l'action réelle, au lieu que l'action personnelle demeure possible s'il a encore le prix dans les mains.

14. La même difficulté historique que nous avons rencontrée en comparant la loi Ælia-Sentia et l'action Paulienne se représente pour les deux actions Pauliennes dont nous avons reconnu la coexistence. Laquelle, de l'action réelle ou de l'action personnelle, est venue la première?

L'opinion générale regarde l'action personnelle comme la plus ancienne. Ce n'est que tard et avec une certaine hésitation, dit-on, que les jurisconsultes romains ont admis l'action en résolution de la propriété comme action

(1) D. L. 2, § 1, *De in lit. jur.*
(2) C. pr. D. l., 9 et 27, § 3, *De rei v.*

réelle, témoin les deux seuls textes où soit consacrée cette théorie, la loi 21 D. *de reivindicatione* et la loi 29 D. *de mortis causa donationibus*, qui appartiennent au même jurisconsulte, c'est-à-dire à Ulpien. Il est donc plus conforme au progrès vraisemblable des idées des jurisconsultes romains de croire que l'action Paulienne était considérée comme action personnelle avant de devenir action réelle (1).

Mais, si nous ne nous trompons, c'est l'action réelle qui a dû venir la première. Il est plus probable, en effet, et c'est la marche ordinaire des institutions, que le préteur alla du simple au composé, qu'il créa d'abord l'action réelle, où il employait un procédé simple, radical, primitif, la rescision de l'aliénation ne s'appliquant d'ailleurs qu'à une seule catégorie d'actes, et qu'il ne donna qu'ensuite l'action personnelle, plus complexe à la fois et plus large: plus complexe, en ce qu'elle ne procède pas d'une manière aussi absolue, ne donne aucun droit de préférence sur le prix de l'action à ceux qui l'exercent et n'enlève pas aux propres créanciers du tiers acquéreur un gage sur la foi duquel ils avaient traité avec lui; plus large, en ce qu'elle s'applique à tous les actes que peut faire un débiteur en fraude de ses créanciers.

Qu'on ne nous objecte pas la difficulté avec laquelle s'introduisit en droit romain la résolution de la propriété, car ces deux idées sont très-différentes. Ce qui fit difficulté, ce fut l'admission d'un effet absolu et préjudiciable au tiers de la condition résolutoire insérée dans un contrat; or, il s'agit ici de tout autre chose, d'une retranslation de la propriété par l'effet d'une *restitutio in integrum*, et rien ne prouve que cette théorie ne soit pas

---

(1) Bonjean, *Des actions*, t. II, p. 149, note 2; Capmas, p. 14.

très-ancienne. Tout au contraire, si, comme on le pense généralement, l'action donnée *rescissa usucapione* à l'absent dont les biens ont été usucapés pendant son absence, ou à celui dont un absent a usucapé les biens, n'est autre que l'action Publicienne, cette rescision de la propriété se trouve avoir été admise du temps de Cicéron (on trouve un préteur Q. Publicius en 685) (1), si ce n'est auparavant (on en trouve un autre, Publicius Malleolus, en 516) (2). Mais ce n'est là qu'une conjecture. D'ailleurs, cet argument de l'opinion contraire prouverait trop s'il était fondé; il résulte, en effet, du texte véritable de la constitution de Dioclétien et Maximien (3), interpolée par Justinien (4), qu'à la date de cette constitution (286 de J. C.), la doctrine d'Ulpien n'était pas admise d'une manière générale, et qu'elle n'a été sanctionnée que par Justinien; l'action Paulienne, d'abord personnelle, n'aurait donc été transformée en action réelle que par Justinien, et nous serions ainsi forcés de regarder comme remaniés par Tribonien des textes qui font allusion à l'action réelle et qui cependant ne portent pas de traces d'interpolation : les lois 7 et 18 D. *quæ in fraudem creditorum* que nous avons eu déjà l'occasion de citer. Observons aussi que les raisons par lesquelles les jurisconsultes romains reculaient devant la résolution de plein droit de la propriété, raisons tirées peut-être de l'intérêt des tiers et du crédit public, sont ici sans importance, puisque, nous l'avons démontré (*supra* n° 13), les effets de l'action Paulienne, même réelle, s'arrêtaient

---

(1) Cicéron, *Pro Cluentio*, n° 45.
(2) Cpr. D. L. 1, § 1, *Ex quib. caus. maj.*; 35, *De obl. et act.*, Inst., liv. IV, tit. VI, § 5.
(3) Fr. Vat., § 283.
(4) C. L. 2, *De don. quæ sub mod.*

devant la bonne foi des tiers. Et ajoutons enfin que, si Gaius ne cite pas l'action Paulienne parmi les actions prétoriennes réelles, c'est qu'il ne donne de celles-ci que des exemples; rien ne prouve qu'il ait voulu en faire une nomenclature complète (1).

15. III. A côté de l'action Paulienne personnelle, nous trouvons au Digeste un interdit fraudatoire dont la loi 10, pr. *quæ in fraudem creditorum*, au Digeste, nous a transmis la formule : « *Quæ Lucius Titius fraudandi causa, sciente te in bonis quibus de ea re agitur, fecit, ea illis, si eo nomine quo de agitur, actio ei ex edicto meo competere esseve oportet, et si non plus quam annus est, quum de ea re qua de agitur, experiundi potestas est : restituas; interdum causa cognita, et, si scientia non sit, actionem in factum permittam.* » C'est évidemment un interdit que ce fragment désigne sous le nom d'action *in factum*; l'ordre de restituer intimé au défendeur en est la preuve, et, d'ailleurs, l'existence de l'interdit fraudatoire nous est attestée par d'autres textes, comme les lois 67, pr. et § 1, D. *ad senatusconsultum Trebellianum,* 96 pr., D. *de solutionibus,* et aussi la loi 1 au Code Théodosien, *de in integrum restitutione,* où nous voyons cet interdit donné à un pupille contre son tuteur qui a frauduleusement aliéné ses propres biens, pour rendre illusoire le recours de son pupille contre lui par l'action *tutelæ directa* : « *Si quid forte idem de suo in fraudem tutelæ alienasse docerentur, fraudatorio interdicti prospectum esse minoribus declaratur.* » Mais cet interdit donne lieu aux difficultés que soulèvent en général les interdits : quel était son rôle? quelle était son origine? Nous ne pouvons présenter à cet égard que des

---

(1) Ducaurroy, t. II, nº 1200; Ortolan, t. III, nº 2086.

conjectures ; il fut sans doute créé à l'époque où le préteur ne donnait pas encore d'action, puis conservé à côté de l'action Paulienne, comme l'interdit *de mortuo infe- rendo* à côté de l'action *in factum* donnée au même titre (1), ou comme l'interdit *ne vis fiat ei qui in posses- sionem missus est* à côté de l'action *in factum* donnée dans le même cas (2), soit à raison des rigueurs particu- lières de la procédure *per sponsionem*, soit, comme on l'a dit, à raison des avantages de l'exécution *manu militari*, soit enfin, ce qui est plus probable, à titre nominal et comme signe du respect des Romains pour leurs anciennes institutions.

16. IV. Ce n'étaient pas seulement les créanciers que le droit romain protégeait contre les actes frauduleux de leurs débiteurs, c'était aussi le patron contre les actes faits par son affranchi en fraude de la légitime que lui assuraient tant l'édit du préteur que le système particulier de succession établi pour les affranchis par la loi Papia- Poppæa. Déjà la loi Ælia-Sentia avait frappé de nullité les affranchissements faits *in fraudem patroni* comme ceux qui étaient faits *in fraudem creditorum* (3); plus tard, le préteur créa deux actions pour protéger le patron contre les actes quelconques que ferait l'affranchi en fraude des droits de son patron : l'action Favienne, quand le patron venait *ab intestat;* l'action Calvisienne, quand il attaquait le testament de l'affranchi par la *bonorum possessio contra tabulas* (4). Mais il y a plusieurs différences entre ces deux actions et l'action Paulienne, et ces différences

---

(1) Cpr. D. L. 1, *De mort. inf.*, et 9, *De relig.*
(2) Cpr. D. L. 1, pr. et 4, pr., *Ne vis fiat ei.*
(3) Gaius, *Comm.* I, § 37.
(4) D. L. 3, §§ 2 et 3, *Si quid in fraud. patr.*

résultent des termes mêmes de l'édit : l'édit *quœ in fraudem creditorum* donne l'action au créancier contre le tiers avec qui a traité le débiteur (*quœ fraudationis causa gesta erunt cum eo qui fraudem non ignoraverit....*) (1), l'édit *si quid in fraudem patroni* la donne contre l'acte même fait par l'affranchi, sans allusion au tiers avec qui il a traité (*si quid dolo malo liberti factum esse dicetur...*) (2), et de là résultent les conséquences suivantes : 1° l'aliénation faite *in fraudem patroni* peut être révoquée alors même que l'acquéreur est de bonne foi (3), tandis que l'action Paulienne admet des distinctions, suivant la bonne ou la mauvaise foi des tiers. 2° Le demandeur, dans l'action Paulienne, n'est tenu de rendre le prix de la chose dont il fait révoquer l'aliénation, que s'il existe encore dans ses mains, *si nummi soluti in bonis exstent* (4); le demandeur, dans les actions Favienne et Calvisienne, doit restituer le prix, même à l'acquéreur de mauvaise foi, car ce n'est pas contre celui-ci que l'action est dirigée, mais contre l'acte même fait par l'affranchi. « *Edictum de actione Faviana vel Calvisiana,* dit Cujas, *eum non notat qui sciens emit a fraudatore, sed libertum tantum qui quid dolo malo fecit in fraudem patroni, quominus debita portio ad eum perveniret; et ideo etiam ei qui sciens a liberto rem emit pretium restitui oportet quia non notatur edicto* » (5), et la loi 1, § 12, D., *si quid in fraudem patroni,* qui contient cette décision, dit plus brièvement : « *Ne fraudemus pretio emptorem, maxime quum de dolo ejus non disputetur, sed de dolo liberti.* »

---

(1) D. L. 1, pr., *Quœ in fraud. cred.*
(2) D. L., pr., *Si quid in fraud. patr.*
(3) D. L. 1, § 4, *Si quid in fraud. patr.*
(4) D. L. 7 et 8, *Quœ in fraud. cred.*
(5) *Ad leges* 7 et 9, D., *Quœ in fraud. cred.*

Enfin, l'action Paulienne est quelquefois réelle, quelquefois personnelle; les actions Favienne et Calvisienne sont toujours personnelles : « *Hæc actio in personam est non in rem* (1). »

17. V. Nous citerons enfin pour être complet les actions Favienne et Calvisienne utiles. Jusque sous Antonin le Pieux, l'adrogation d'un impubère était, en général, défendue, à moins que les comices, souverains en pareille matière, ne voulussent la permettre, soit parce que *cum impuberibus nulla comitiorum communio erat*, soit parce qu'on n'avait pas reconnu au tuteur qualité pour autoriser son pupille *sui juris* à redevenir *alieni juris* (2). Mais un rescrit d'Antonin permit, *cum quibusdam conditionibus,* à un impubère de se donner en adrogation : de ces conditions les unes étaient en faveur de certains tiers, elles ne doivent pas nous occuper, les autres en faveur de l'impubère : l'empereur devait examiner avec un soin tout particulier *an causa adrogationis honesta sit expediatque pupillo;* et, de plus, si l'impubère vient à être émancipé sans motifs, ou exhérédé même avec raison par l'adrogeant, il aura droit de réclamer par l'action *familiæ erciscundæ* utile un quart des biens de l'adrogeant (quarte Antonine). S'il est émancipé *cum justa causa,* il perdra son droit à cette quarte, mais il pourra réclamer tous les biens que l'adrogeant aura pu acquérir par lui. Dans un cas comme dans l'autre, si l'adrogeant a fait quelques actes en vue de préjudicier aux droits de l'impubère adrogé par lui, celui-ci aura pour les faire révoquer une action Favienne ou Calvisienne utile (3).

---

(1) D. L. 1, § 2, *Si quid in fraud. patr.*
(2) Gaius, *Comm.* 1, § 102; Ulp., *Reg.*, tit. VIII, § 5; Aulu-Gelle, *Nuits attiques,* liv. V, ch. xix.
(3) D. L. 13, *Si quid in fraud. patr.*

CHAPITRE DEUXIÈME.

DE L'ACTION PAULIENNE PERSONNELLE.

18. Nous traiterons dans ce chapitre : 1° des caractères de l'action Paulienne ; 2° des actes à raison desquels elle est donnée ; 3° de ses conditions ; 4° des personnes qui peuvent l'intenter et à qui elle profite ; 5° des personnes contre qui elle est donnée ; 6° de ses effets.

§ I. *Des caractères de l'action Paulienne.*

19. L'action Paulienne nous offre les caractères suivants : elle est 1° prétorienne ; 2° *in factum* ; 3° personnelle ; 4° pénale unilatérale ; 5° arbitraire.

20. I. *Prétorienne.* — Comme action prétorienne et de plus rescisoire, l'action Paulienne n'est donnée que pendant une année utile : *intra annum quo experiundi potestas fuerit actionem dabo* (D. loi 1, pr., *quæ in fraud. cred.*), après ce délai elle n'est plus donnée *in solidum*, mais seulement jusqu'à concurrence de ce dont le défendeur, de bonne ou de mauvaise foi, s'est enrichi (D. loi 10, § 25, *quæ in fraud. cred.*). Le point de départ de cette année utile a donné lieu à quelques difficultés. Était-ce le jour de l'acte frauduleux ou celui de la *venditio bonorum ?* Proudhon (1) pense que c'est celui de l'acte frauduleux, et il se fonde, pour le soutenir, sur ce que l'intention du préteur était de restreindre à un bref délai le droit d'action des créanciers, et sur ce qu'en ne faisant courir ce délai que du jour de la *venditio bonorum*, on leur permet d'aller contre cette intention, et de retarder

_____

(1) *Traité de l'usufruit*, n° 2101.

à leur gré le point de départ de cette prescription ; ils ont d'ailleurs, ajoute Proudhon, le droit de retarder par des actes conservatoires l'expiration de ce délai. Mais les textes sont formels contre cette opinion et, si la loi 6 § 14, D. *quæ in fraud. cred.* : « *Hujus actionis annum computamus utilem quo experiundi potestas fuit ex die factæ venditionis,* » peut paraître ambiguë, à coup sûr la loi 10, § 18, *eod. tit.*, ne peut laisser aucun doute : « *Annus hujus in factum actionis computabitur ex die venditionis bonorum.* »

21. II. *In factum.* — L'action Paulienne est qualifiée d'action *in factum,* c'est-à-dire d'action dans la formule de laquelle le préteur ne pose pas directement au juge la question de droit, par plusieurs textes, notamment par la loi 10, §§ 2, 12, 16, 18, et par la loi 14 D. *quæ in fraud. cred. ;* et c'est en ce sens que Cujas entend la loi 16, *de rev. his quæ in fraud.*, où, au lieu de « *usitatis actionibus (si tibi negotium gestum fuerit),* » il lit : « *usitatis actionibus sicut negotium gestum fuerit),* » ce qui indiquerait que la formule décrira les faits à raison desquels l'action est intentée (1). Si l'action Paulienne est *in factum,* cela montre l'erreur de Schrader, qui (nous l'avons dit *supra* n° 12) en fait une action fictice : tel est, à la vérité, le caractère de l'action Paulienne des Institutes, mais il en est différemment de celle du Digeste, et le préteur qui emploie, pour créer des actions prétoriennes, tantôt la formule *in factum,* tantôt la formule fictice, ne les emploie pas simultanément, et, par cela seul qu'une action est *in factum,* c'est une raison décisive pour qu'elle ne soit pas fictice. Si d'ailleurs il en fallait une preuve de plus, nous la trouverions dans la loi 17 pr. D. *quæ in fraud. cred.,* qui, se

---

(1) *Ad tit.; C. de rev. Lib...*

référant au cas où le débiteur a libéré quelqu'un de ses propres débiteurs, pour nuire à ses créanciers, s'exprime ainsi : « *Omnes debitores qui in fraudem creditorum liberantur per hanc actionem revocantur in pristinam obligationem,* » c'est-à-dire que le juge de l'action (elle est arbitraire, v. *infra*, n° 24) leur ordonnera de s'obliger de nouveau à peine d'être condamnés à la *litis æstimatio*. Or, si l'action était fictice, ce n'est pas ainsi que s'exprimerait le jurisconsulte : il dirait que, par cette action, les débiteurs sont considérés comme n'ayant jamais été libérés. Et de même, si une femme, créancière de son mari, lui fait acceptilation *dotis constituendæ causa* et que ce soit en fraude de ses propres créanciers, la loi 10, § 14, D. *quæ in fraud cred.* ne dit pas que l'acceptilation sera non avenue, et le mari considéré comme ayant toujours été débiteur, elle dit que le résultat de l'action sera la condamnation du mari à s'obliger de nouveau : « *Exitus autem actionis erit ut stipulatio quæ accepta fuerit ex integro interponatur.* » L'action Paulienne présente donc les particularités de l'action *in factum ;* 1° elle est donnée au fils de famille (1) : 2° elle ne produit qu'*exceptionis ope* l'extinction du droit à raison duquel elle est exercée (2); 3° l'*intentio* est toujours *certa* et, par conséquent, la plus-pétition toujours possible (3).

22. III. *Personnelle.* — En exposant (*supra*, n° 12) les différences de l'action Paulienne réelle et de l'action Paulienne personnelle, nous avons indiqué les arguments qui prouvent que l'action Paulienne du Digeste est personnelle. Ce sont d'abord les lois 14 et 17 pr. D. *quæ in fraud. cred.* qui prouvent qu'elle peut avoir pour objet

(1) D. L. 9 et 13, *De obl. et act.*
(2) Gaius, *Comm.* IV, § 106.
(3) *Ib.*, § 60.

3

une action à céder, une obligation à contracter; — 9, *eod.*
tit., qui, en cas d'aliénation, l'accorde contre celui-là
même qui a cessé de posséder — 10, §§ 25 et 11, *eod.*
tit., aux termes desquelles elle est donnée contre les
héritiers, au moins *quatenus locupletiores facti sunt*. Mais
indépendamment de ces applications, c'est surtout la loi
38 pr. et § 4, D. *de usuris* dans laquelle Paul, après avoir
dit : « *Videamus generaliter quando in actione quæ est*
in personam fructus veniant, » cite, à côté l'une de l'autre,
l'action Paulienne et l'action Favienne, laquelle est *in*
personam non in rem, dit la loi 1, § 26, D. *si quid in*
fraud. patr. Aussi l'action Paulienne personnelle ne
donne-t-elle aucun droit de préférence à ceux qui l'exercent contre les créanciers propres du tiers acquéreur.
Quant aux distinctions qui concernent la bonne ou la
mauvaise foi des tiers contre qui est dirigée l'action Paulienne, on sait que nous ne les regardons pas comme un
effet du caractère personnel de cette action, et nous en
traiterons plus loin (nos 48-50).

23. IV. *Pénale unilatérale.* — On sait que les Romains,
entre autres divisions des actions, les distinguaient en
actions : 1° *pœnæ persequendæ*, qui enrichissaient le
demandeur en appauvrissant le défendeur; 2° *rei perse-*
quendæ, qui tendaient seulement à rétablir le *statu quo*,
n'enrichissaient pas le demandeur et n'appauvrissaient
pas le défendeur; 3° mixtes (*tam rei quam pœnæ perse-*
quendæ) qui poursuivaient à la fois ces deux buts : rétablir l'état de choses primitif et faire prononcer une peine
au profit du demandeur (1). Mais à côté de ces trois
classes d'actions, il y en avait une quatrième, qu'on
appelle aujourd'hui actions pénales unilatérales, en ce
sens qu'elles n'étaient pénales que vis-à-vis du défen-

---

(1) Inst., liv. IV, tit. VI, §§ 16-19.

deur qu'elles appauvrissaient sans enrichir le demandeur.
Le fait qui y donnait lieu n'avait été pour celui qui l'avait
commis d'aucun profit, l'action exercée contre lui à raison de ce fait le lésait donc dans son patrimoine, tout en
n'étant pour le demandeur que l'exacte réparation du
préjudice qu'il avait subi. Parmi ces actions, on peut
citer l'action de dol (1), l'action *quod cum falso tutore
gestum esse dicetur* (2), l'action *si mensor falsum modum
dixerit* (3), et l'action Paulienne qui fait l'objet de nos
explications. Elle était pénale en ce sens qu'elle était
donnée contre celui-là même qui n'avait pas profité de
l'acte fait *in fraudem creditorum :* elle était fondée sur le
dol dont il se rendait coupable en résistant à l'action,
quand il avait acquis de bonne foi; sur le dol dont il
s'était rendu coupable en concourant à l'acte frauduleux, quand il avait été de mauvaise foi en contractant. Or, ces actions avaient cela de remarquable que
les jurisconsultes romains en avaient exagéré le caractère pénal, et, subordonnant à la peine la réparation du
préjudice causé, avaient assimilé ces actions aux actions
pénales en décidant qu'elles ne seraient transmissibles
aux héritiers du demandeur que *quatenus locupletiores
facti erant* (4), ce qui désarmait complétement la partie
lésée dans le cas où l'héritier n'avait pas profité du fait
dolosif de son auteur. Cette règle, abandonnée déjà par
le droit canonique qui donnait l'action pénale unilatérale
contre les héritiers, au moins *intra vires successionis*, est
vivement critiquée par les romanistes modernes (5). Elle

---

(1) D. L. 9, §§ 4, 17, § 1, *De dol. mal.*
(2) D. L. 9, § 1, *Quod cum fals. tut.*
(3) D. L. 3, §§ 5 et 6, *Si mens.*
(4) D. L. 17, *De dol. mal.;* 38 et 44, *De reg. jur.*
(5) Savigny, *System des heutigen Rœmischen Rechts,* t. V, § 211.

existait donc pour l'action Paulienne; aussi les lois 10, §§ 25 et 11, D. *quæ in fraud. cred.* disent-elles qu'elle n'était donnée contre l'héritier que *in id quod ad eum pervenit.* — Mais s'il y a eu *litis contestatio* entre le défunt et les créanciers, l'action pénale unilatérale se transmet contre les héritiers avec la même étendue (1).

24. V. *Arbitraire.* — On a contesté que l'action Paulienne fût arbitraire, c'est-à-dire qu'après avoir vérifié l'*intentio*, et avant de passer à la condamnation, le juge eût le droit de rendre un *jussus* indiquant au défendeur ce qu'il avait à faire pour éviter la condamnation. Mais, sans développer ici, pour ne pas sortir de notre sujet, les raisons qui nous font croire que toute action, réelle ou personnelle, tendant à une restitution était arbitraire, les textes relatifs à l'action Paulienne nous offrent plusieurs arguments péremptoires pour démontrer que ce caractère lui appartenait. Ce sont les lois : 8, D. *quæ in fraud. cred.* qui suppose qu'il y a lieu dans cette action à un *arbitrium judicis* quand elle dit que le juge ordonnera aux créanciers de rendre à l'acheteur le prix d'acquisition, s'il se trouve encore dans les mains du débiteur (2) — 10, § 20, *eod. tit.* : « *Arbitrio judicis non prius cogendus est rem restituere quam si impensas necessarias consequatur* » — 10, § 22, *eod. tit.* : « *Sciendum est eo hac actione restitutionem fieri oportere in pristinum statum* » — 14 *eod. tit.*, aux termes de laquelle l'action Paulienne est donnée contre ceux qui ont une action pour les contraindre à la céder, ce qui suppose que le juge peut leur en donner l'ordre — 25, § 1 : « *Absolvi solet reus si restituerit* » —

---

(1) Inst., liv. IV, tit. XII, § 1.

(2) Il faut lire dans cette loi *arbitrum* et non pas *arbitrium*, sans cela les mots *reddi jubeat* seraient inintelligibles. (V. Ant. Favre, *De erroribus*, liv. XX, *Err. V.*)

d'autres textes encore, qui déterminent avec grand soin les conditions de la restitution au moyen de laquelle le défendeur à l'action Paulienne évitera la condamnation, conditions sur lesquelles nous reviendrons en détail (*infra*, n°ˢ 54-56). Enfin l'action Favienne était arbitraire à n'en pas douter : « *In actione Faviana si res non restituantur, tanti damnabitur reus quanti actor in litem juraverit* (D. loi 5, § 1; *si quid in fraud. patr.*); or on n'aperçoit sous ce rapport aucun motif de différence entre cette action et l'action Paulienne. Quant à la sanction du *jussus*, ce ne sera pas, comme nous l'avons dit (*supra*, n° 13), une exécution *manu militari*, puisqu'elle est inapplicable aux actes juridiques qui exigent le concours du défendeur, ce sera seulement une condamnation pécuniaire *quanti in litem actor juraverit*, s'il y a dol ou *contumacia* du défendeur, *quanti actoris interfuit*, dans le cas contraire. Quelques auteurs, Favre, par exemple (1), ont prétendu que le *jusjurandum in litem* n'est admis que dans les actions où la prétention du demandeur est *rem suam esse*, ce qui en exclurait l'application à l'action Paulienne; mais cette conjecture nous paraît détruite par les termes généraux de la loi 68 D. *de reivindicatione* qui, après avoir indiqué cette sanction du *jussus*, ajoute : « *Hæc sententia generalis est et ad omnia, sive interdicta, sive actiones in rem, sive in personam sunt, ex quibus arbitrio judicis quid restituitur, locum habet*, » et aussi par les divers textes du titre spécial *de in litem jurando* au Digeste, d'après lesquels il y a lieu au *jusjurandum in litem* dans toutes les actions arbitraires, de quelque nature qu'elles soient et quelque prétention qu'elles aient pour base (2).

---

(1) *De erroribus*, liv. XX, *Err. V.*
(2) V. notamment la loi 5, D., *De in lit. jur.*

§ II. *Des actes à raison desquels est donnée l'action Paulienne.*

25. Ulpien, dans la loi 1, § 2 D. *quœ in fraud. cred.*, pose le principe en ces termes : « *Hœc verba generalia sunt et continent in se omnem omnimodo in fraudem factam vel alienationem vel quemcumque contractum. Quodcumque igitur fraudis causa factum est videtur his verbis revocari, qualscumque fuerit, nam late ista verba patent.* » Il faut cependant faire une grande distinction parmi les actes que peut faire un débiteur en fraude des droits de ses créanciers : par les uns il peut diminuer son patrimoine, par les autres il peut seulement négliger de l'augmenter. Or cette distinction est capitale dans notre matière, car le droit romain, à la différence du droit français, n'accorde aux créanciers l'action Paulienne que si le débiteur a amoindri son patrimoine et n'a pas seulement négligé de l'augmenter. La distinction est faite de la manière la plus formelle par la loi 6 pr. D., *eod. tit.* : « *Quod autem, quum possit aliquis quærere, non id agit ut adquirat, ad hoc edictum non pertinet; pertinet autem edictum ad deminuentes patrimonium suum, non ad eos qui id agunt ne locupletentur.* »

26. I. *Actes par lesquels le débiteur amoindrit son patrimoine.* — A ces actes s'applique, de la manière la plus large, le principe de l'édit. Le débiteur a fait une aliénation à titre onéreux (D. loi 1, § 2, *eod. tit.*) ou gratuit (C. loi 3, *de rev. his*); il a libéré l'un de ses débiteurs, par acceptilation ou par un pacte *de non petendo* (D. loi 2, § 2, *cod. tit.*, C. loi 6, *eod. tit.*), il s'est obligé par une vente ou un prêt (D. loi 3, pr. *eod. tit.*); après avoir lié l'instance, il ne s'est pas présenté devant le juge et s'est laissé condamner par défaut (D. loi 3, § 1, *eod. tit.*); il a laissé l'instance qu'il avait engagée se périmer par dix-huit mois, si c'était un *judicium legitimum,* par un an, si c'était un *judicium imperio continens* (D. loi 3, § 1, *eod. tit.*); il n'a pas poursuivi son débiteur et celui-ci s'est trouvé libéré *tempore* (D. loi 3, § 1, *eod. tit.*); il a laissé s'éteindre *non utendo* un droit d'usufruit ou de servitude (D. loi 3, § 1, loi 4, *eod. tit.*); il a abandonné une chose qui lui appartenait, avec l'intention que quelqu'un s'en emparât (D. loi 5, *eod. tit.*); il a fait remise d'un gage ou d'une hypothèque qu'il tenait d'un de ses débiteurs (D. lois 2 et 18, *eod. tit.*); il a donné à l'un de ses créanciers une hypothèque pour sûreté d'une dette précédemment contractée (D. loi 10, § 13, loi 22, *eod. tit.*); il a constitué une dot (C. loi 2, *eod. tit.*), soit en faisant acceptilation *dotis constituendæ causa* à une personne qui est sa débitrice et qu'il veut doter (D. loi 10, § 4, *eod. tit.*), soit de toute autre manière (D. loi 25, § 1, *eod. tit.*); il a fait, après l'adition d'hérédité, une *cessio in jure hæreditatis* qui, en laissant les dettes à sa charge, a transporté au cessionnaire les *singula corpora hæreditaria* (C. loi 1, *eod. tit.*) : dans tous ces cas, le débiteur s'est appauvri et il y a lieu à l'action Paulienne, si les conditions de cette action, telles que nous les indiquerons plus tard, se trouvent réunies.

Quant à l'acceptation frauduleuse d'une hérédité mauvaise qu'aurait faite le débiteur, elle ne donne pas lieu à l'action Paulienne; les créanciers de l'héritier ne peuvent pas non plus demander la séparation de biens; ils n'auront donc pas d'autre ressource qu'un recours au préteur par voie de *cognitio extraordinaria,* et ce recours ne réussira même que dans des cas très-rares et si la mauvaise foi du débiteur est par trop coupable. « *Nullum remedium est proditum; sibi enim imputent qui cum tali contraxerunt : nisi si extra ordinem putamus prætorem adversus calliditatem ejus subvenire qui talem fraudem commentus est : quod non facile admissum est* (1). » Le droit français s'est montré plus large sur ce point (*infra*, n° 80).

27. Mais, parmi les actes qui peuvent appauvrir un débiteur en fraude de ses créanciers, il y en a qui présentent de sérieuses difficultés. Nous voulons parler des payements qui seraient faits à l'un des créanciers en fraude des autres. Tombent-ils sous le coup de l'édit du préteur ? Trois hypothèses peuvent se présenter : 1° le payement fait par le débiteur à l'un de ses créanciers dont la créance est échue, mais qui, s'il n'eût pas été payé, n'aurait eu droit qu'à un dividende, est-il soumis à l'application de l'action Paulienne ? 2° le payement d'une dette non échue, mais dont l'échéance devait arriver avant la *missio in possessionem*, ou d'une dette qui, étant privilégiée, devait être intégralement payée après la *missio in possessionem*, tombe-t-il sous l'application de la même action ? 3° le payement d'une dette non échue, dont l'échéance ne devait arriver qu'après la *missio in possessionem*, et qui ne donnait droit qu'à un simple dividende, peut-il être révoqué par l'action Paulienne ? Il est entendu que ces questions ne se posent que s'il y a eu chez le débiteur une intention frauduleuse.

28. A. *Payement d'une dette échue, mais qui ne donne droit qu'à un dividende après la* MISSIO IN POSSESSIONEM. — Trois opinions se sont produites en Allemagne sur la validité de ce payement. Une première, connue sous le nom de *gratifications theorie*, décide qu'il peut être attaqué toutes les fois que le débiteur l'a fait *per gratificationem*, c'est-à-dire avec l'intention d'avantager l'un des créan-

---

(1) D. L. 1, §§ 2 et 5, *De sep.*

ciers au détriment des autres et sans qu'il y ait à distinguer, suivant la bonne ou la mauvaise foi du créancier
ainsi payé. La deuxième admet aussi l'action Paulienne,
mais alors seulement que les conditions ordinaires de cette
action se trouvent réunies, à savoir : le préjudice, l'intention frauduleuse du débiteur, et la complicité du
créancier payé. Enfin une troisième opinion repousse
absolument l'application de l'action Paulienne à cette
espèce de payements.

29. La première invoque en sa faveur les lois 6, §§ 1
et 2 D. *de rebus auctoritate judicis possidendis*, et 24 D.
quæ in fraudem creditorum. Dans ces trois textes, on
suppose qu'un pupille héritier sien paye un créancier de
la succession au détriment des autres, puis qu'il use du
bénéfice d'abstention, et se posant la question de savoir
si ce payement peut être révoqué, les jurisconsultes
répondent : il faut distinguer : oui s'il a été fait *per
gratificationem*, non s'il a été fait sur la poursuite du
créancier, *sin vero juste exegerit*.—Mais, ce qui nous fait
repousser cette opinion, c'est l'espèce particulière en vue
de laquelle sont rédigés les textes sur lesquels elle se
fonde. Il s'agit, en effet, dans ces deux lois, d'un pupille
héritier sien qui paye un créancier, puis s'abstient de
l'hérédité : or, il est de principe que les actes faits de
bonne foi, avant l'abstention, par le pupille héritier sien
s'abstenant ensuite sont valables; donc on ne peut tirer
de cette décision relative au payement aucun argument
en ce qui concerne l'action Paulienne. Le principe de la
validité des actes faits de bonne foi, avant l'abstention,
par le pupille héritier sien qui use ensuite du bénéfice
d'abstention, est posé : 1° par la loi 44 D. *de adquirenda
vel amittenda hæreditate : « Quotiens pupillus patri hæres
exstiterit et abstinet se hæreditate, quamvis patris bonâ*

sub creditoribus fiant, tamen rata haberi debent quæcumque pupillus bona fide gesserit »; 2° par l'un des textes mêmes qu'on nous oppose, la loi 6, § 1, D. *de reb. auct. jud. poss.*, où il est dit : « *Si pupillus antequam abstineret aliquid gesserit, servandum est, utique si bona fide gesserit.* » Observons d'ailleurs que la loi 24, D. *quæ in fraud. cred.* ne fournit pas à l'opinion que nous combattons un argument solide : Scévola, dans la première partie de cette loi, n'annule le payement en question que dans le cas où le pupille l'a fait *per gratificationem*; mais, dans la seconde partie, laissant de côté cette hypothèse particulière, il admet la validité du payement dans un cas bien peu favorable, celui où le créancier, pour se faire payer, a usé de toutes sortes de tracasseries, *extorsit invito*. Nous reviendrons sur ce point (*infra,* n° 31).

30. La seconde opinion applique aux payements le principe général de l'action Paulienne : ils seront révoqués si l'on y rencontre les conditions normales de cette action : fraude du débiteur, complicité du créancier. Elle argumente : 1° des termes généraux de l'édit : « *Quæ fraudationis causa gesta erunt cum eo qui fraudem non ignoraverit....* »; 2° de la loi 25, § 1, D. *quæ in fraud. cred.* : dans ce passage, le jurisconsulte Venuleius, examinant le caractère de la constitution de dot au point de vue de l'action Paulienne, décide que, si une dot a été constituée *in fraudem creditorum*, l'action ne sera pas donnée contre le mari *ignorans*, c'est-à-dire de bonne foi, « *non magis quam in creditorem qui a fraudatore quod ei deberetur accepit* »; or, dit-on, si le mari est comparé au créancier, c'est qu'il faut faire pour le créancier les mêmes distinctions qu'à l'égard du mari : donc l'action sera donnée contre lui, alors, mais alors seulement qu'il aura reçu son payement de mauvaise foi; 3° de la loi 96, D. *de solutionibus* :

un tuteur délègue à son créancier un débiteur du pupille;
ce payement pourra-t-il être révoqué sur la demande du
pupille ? Oui, répond Papinien, si le créancier a été de
mauvaise foi. — Nous n'adopterons pas non plus cette
opinion. Nous repoussons l'argument tiré de la loi 25,
§ 1, D. *quæ in fraud cred.*, car le jurisconsulte n'y établit
pas un parallèle absolu entre le mari et le créancier, et,
s'il dit que le mari de bonne foi n'est pas plus tenu par
l'action Paulienne que ne l'est un créancier, il ne dit pas
pour cela que le mari de mauvaise foi serait tenu par
l'action Paulienne, comme et par ce qu'un créancier de
mauvaise foi le serait; et l'argument tiré de la loi 96, D.
de solut., à raison de l'espèce toute particulière à laquelle
elle se rapporte. Quant aux expressions dont se sert
l'édit, elles sont, nous en convenons, très-générales,
mais encore faut-il, pour les appliquer, rencontrer la
mauvaise foi, et comment un créancier qui reçoit ce qui
lui est dû peut-il être de mauvaise foi ? Lui fera-t-on un
reproche de ce qu'il n'a pas sacrifié son intérêt à celui
des autres créanciers ? Lui fera-t-on un crime de sa dili-
gence ?

31. Aussi est-ce là le point de vue auquel se sont pla-
cés les jurisconsultes romains et nous rangeons-nous au
troisième système, d'après lequel le créancier qui a reçu
avant la *missio in possessionem* le payement intégral d'une
dette échue est, dans tous les cas, à l'abri de l'action
Paulienne. Les arguments ne manquent pas à cette opinion. Nous citerons seulement 1° la loi 129, D. *de regulis
juris*, où il est dit en termes généraux que « *nihil dolo
creditor facit qui suum recipit;* » 2° la loi 6, §§ 6 et 7, D.
quæ in fraud. cred., où Ulpien développe cette maxime :
on a contesté, il est vrai, l'autorité du § 6, et on a prétendu qu'il se référait à l'hypothèse d'un payement fait

par le débiteur à son créancier qui, plus tard, verrait vendre ses biens par ses propres créanciers; mais rien ne démontre que telle soit, en réalité, l'espèce prévue par le § 6, et d'ailleurs, le § 7 ne peut laisser aucun doute. « *Sciendum Julianum scribere eoque jure nos uti, ut qui debitam pecuniam recepit, antequam bona debitoris possideantur; quamvis sciens prudensque solvendo non esse recipiat, non timere hoc edictum : sibi enim vigilavit* »; 3° la loi 10, § 16, D. *quæ in fraud. cred.* qui prévoit une hypothèse assez singulière : c'est un débiteur qui a pris la fuite, emportant avec lui tout ce qu'il a pu réaliser, *pecuniam;* le créancier le poursuit et se fait payer de force : « *Placuit Juliani sententia dicentis cessare in factum actionem;* » 4° enfin la loi 24 D., *quæ in fraud. cred.*, où le créancier qui s'est fait payer, attaqué par l'action Paulienne, répond avec succès : « *Sed vigilavi, meliorem meam conditionem feci; jus civile vigilantibus scriptum est, ideoque non revocatur id quod percepi.* »

32. Mais reste un point à éclaircir : quelle est précisément la raison pour laquelle l'action Paulienne n'est pas recevable contre le créancier qui s'est fait ainsi payer? Un auteur allemand, Francke, se fondant sur ces mots de la loi 6, § 6, D. *quæ in fraud. cred.* : « *Eum enim quem præses invitum solvere cogat impune non solvere iniquum est* », pense que le créancier doit garder ce qu'il a reçu à raison de ce qu'il avait une action, et comme le disent les Allemands, un droit coercitif, *ein Zwangsrecht,* pour contraindre son débiteur à payer. M. de Vangerow, au contraire, part de cette idée qui nous paraît plus juste, que le créancier qui se fait payer de ce qui lui est dû ne peut être de mauvaise foi. Cette question n'est pas sans intérêt pratique. Si, en effet, le créancier est protégé parce qu'il a une action, il ne sera pas protégé quand il

n'aura pas d'action, et si, par conséquent, c'est une dette
naturelle qui a été acquittée à son profit, le payement
pourra être attaqué par l'action Paulienne; si, au contraire, c'est à sa vigilance qu'il doit de conserver ce qu'il
a reçu, il importe peu qu'il ait été payé d'une dette civile
ou d'une dette naturelle. Il nous semble, quant à nous,
qu'il faut s'attacher à cette dernière idée : si le créancier
n'a pas d'action, c'est une raison pour lui de se montrer plus diligent, et s'il l'a fait, il n'a droit qu'à plus de
faveur.

33. B. *Payement d'une dette non échue, mais dont l'é-
chéance devait arriver après la* MISSIO IN POSSESSIONEM,
*ou d'une dette qui, étant privilégiée, devait être inté-
gralement payée après la* MISSIO IN POSSESSIONEM. — Ce
point a encore donné lieu à une controverse. D'après
M. Francke, l'action Paulienne serait admise dans ces
deux cas, sans distinction : elle servirait à faire rendre
aux créanciers l'*interusurium*, c'est-à-dire l'intérêt qu'aurait rapporté l'argent à la masse des créanciers, si le
créancier n'eût pas été payé prématurément. D'après
M. de Vangerow, l'action ne serait admise ni dans un
cas ni dans l'autre. Il nous semble que c'est une opinion
intermédiaire qui doit être suivie, et que l'action Paulienne doit être admise dans ces deux cas, à la condition
qu'il y ait eu, de la part du débiteur, intention frauduleuse, et de la part du créancier complicité, et peut-être
même la complicité du créancier ne serait-elle pas nécessaire, car il lutte *de lucro captando* quand il veut garder
l'intérêt qu'aurait rapporté à la masse l'argent dont il a
été payé avant l'échéance; or le donataire, même de
bonne foi, est soumis à l'action Paulienne (1). Nous dé-

(1) M. Demangeat sur Bravard, *Traité des faillites*, p. 221, note 1.

montrons cette solution à l'aide 1° de la loi 10, § 12, D. *quæ in fraud. cred.* « *Si quum in diem mihi deberetur frau-dator præsens solverit, dicendum erit quod in eo quod sensi commodum in representatione, in factum actioni locum fore; nam prætor fraudem etiam in tempore fieri intelligit;* » dire qu'il y aura lieu à l'application de l'action, c'est dire que les conditions ordinaires de cette action devront être réunies; 2° de la loi 17, § 2, D. *eod. tit.* qui applique cette solution générale à une hypothèse particulière, celle d'un mari qui renonce aux délais auxquels il a droit pour restituer la dot de sa femme et la restitue immédiate-ment : « *Si vir uxori, quum creditores suos fraudare vellet, soluto matrimonio præsentem dotem reddidisset quam sta-tuto tempore reddere debuit, hac actione mulier tantum præstabit quanti creditorum intererat dotem suo tempore reddi: nam prætor fraudem etiam in tempore fieri intelli-git.* »

34. C. *Payement d'une dette dont l'échéance ne devait arriver qu'après la* MISSIO IN POSSESSIONEM *et qui n'étant pas privilégiée ne devait donner droit qu'à un simple dividende.* — M. Francke accorde dans ce cas à la masse la répétition de la différence entre ce que le créan-cier payé a reçu et ce qu'il aurait dû recevoir, et cela, sans qu'il soit besoin de prouver l'intention frauduleuse du *solvens;* M. de Vangerow refuse l'action. Nous pen-sons, quoiqu'il n'y ait pas de texte sur ce point, que l'action devrait être accordée dans la mesure qu'indique M. Francke, mais à la condition qu'il y eût eu *consilium fraudis* de la part du débiteur.

35. En un mot, nous adoptons en tout point sur cette question des payements la doctrine de Mackeldey : « L'ac-» tion Paulienne n'est pas applicable lorsque l'aliénation » consiste en ce que le débiteur, quoique déjà insolvable,

» paye avant l'ouverture du concours à l'un de ses » créanciers une dette exigible, et alors même que d'au- » tres créanciers l'auraient primé dans l'ordre. Mais l'ac- » tion Paulienne peut être intentée lorsque le débiteur » paye, avec intention frauduleuse, une dette non liquide » ou non encore exigible, ou conditionnelle, avant l'ac- » complissement de la condition (1). »

36. Si, au lieu d'un payement véritable, le débiteur s'est libéré par une *datio in solutum*, y aura-t-il lieu à l'action Paulienne (en supposant la mauvaise foi du dé- biteur et la connivence du créancier)? Oui, soit qu'avec M. Francke on s'attache à cette idée que le créancier n'avait pas de droit coercitif pour exiger ce mode de libération, soit qu'on considère cette *datio in solutum* comme *aliquid novi*, comme une aliénation dont le prix se compense avec la créance payée.

37. Nous ferons remarquer, pour terminer sur cette question des payements, que le payement fait après la *missio in possessionem* est de nul effet; mais c'est moins une application de l'action Paulienne qu'un effet du des- saisissement qui résulte contre le débiteur de l'envoi en possession obtenu par ses créanciers; cette décision est, d'ailleurs, écrite dans les lois 6, § 7, et 10, § 16, D. *quæ in fraud. cred.*

38. II. *Actes par lesquels le débiteur néglige d'augmenter son patrimoine.* — Cette distinction que fait le droit romain entre les actes qui diminuent et ceux qui man- quent d'accroître le patrimoine du débiteur est l'un des traits caractéristiques de l'action Paulienne, et nous ver- rons que le droit français s'est montré moins exclusif et qu'il a accordé aux créanciers une protection à la fois

plus large et plus efficace. D'ailleurs, ce qui est sujet à critique, ce n'est pas le principe en lui-même, ce sont les applications qui en étaient faites par les jurisconsultes romains. Si, par exemple, ils s'étaient contentés de dire que les créanciers ne peuvent pas faire de reproche à leur débiteur pour n'avoir pas vendu une maison qu'on lui avait proposé d'acheter au double de sa valeur, la règle du droit romain n'aurait rien que de juste et de raisonnable, mais les jurisconsultes eurent le tort de l'étendre à des hypothèses où le débiteur se dépouillait réellement d'un droit, et de s'écarter ainsi de la règle qu'ils avaient eux-mêmes posée quand ils disaient: « *Qui actio-* » *nem habet ad rem recuperandam ipsam rem habere vide-* » *tur.* » (1) Et il est remarquable que l'intérêt du fisc a ait fait fléchir cette distinction: la loi 45 pr. D. *de jure fisci* dispose: « *In fraudem fisci, non solum per dona-* » *tionem sed quocumque modo alienata revocantur, idemque* » *juris est et si non quæratur, æque enim in omnibus fraus* » *punitur.* » Voici les applications principales de cette distinction: l'action Paulienne ne sera pas donnée si le débiteur qui a stipulé sous une condition dépendant de sa volonté n'accomplit pas cette condition, de sorte que *stipulatio non committitur* (D. loi 6 § 1 *quæ in fraud. cred.*), s'il a répudié une succession *ab intestat* ou testamentaire (D. loi 6 § 2 *eod. tit.*), s'il a émancipé son fils institué héritier pour qu'il fît adition pour lui-même (D. loi 6 § 3 *eod tit.*), s'il a répudié un legs (D. loi 6 § 4 *eod. tit.*), s'il a affranchi ou aliéné son esclave institué héritier, afin qu'il fît adition pour son propre compte ou pour celui de l'acheteur, en supposant d'ailleurs que cette aliénation ou cet affranchissement ne rende pas par

---

(1) D. L. 15, *De reg. jur.*

lui-même le débiteur insolvable ou n'aggrave pas son insolvabilité (D. loi 6, § 5, *eod. tit.*), s'il a restitué un fidéicommis sans retenir la quarte Pégasienne (D. loi 20, *eod.
tit.*) ou émancipé ses enfants pour leur restituer de suite
un fidéicommis qu'il n'était tenu de leur rendre qu'à sa
mort (D. loi 19, *eod. tit.*).

39. Le droit actuel, avons-nous dit, a rejeté la doctrine romaine relativement aux actes par lesquels un
débiteur a négligé d'augmenter son patrimoine. Aussi
les solutions de détail que nous venons d'énumérer ont-
elles été modifiées ; notamment l'art. 1053 du Code Napoléon, suivant en cela l'art. 42 de l'ordonnance de 1747,
accorde l'action Paulienne aux créanciers de celui qui
fait au profit des appelés une restitution anticipée de la
substitution dont il est grevé (*infra*, n° 81), et l'art. 788
du Code Napoléon la donne aussi aux créanciers de l'héritier qui renonce en fraude de leurs droits à la succession
qui lui est échue (*infra*, n° 80).

Nous devons insister ici quelque peu et rechercher
quelle est, à ce dernier point de vue, la raison de différence entre le droit français et le droit romain. Dans
notre ancien droit, Boutaric et Serres attribuaient ce
changement de législation à l'introduction de la règle *le
mort saisit le vif*, par suite de laquelle l'héritier qui
renonce à une succession ne refuse pas seulement d'acquérir, mais aliène un droit qui est entré dans son patrimoine et dont il est saisi, « ce qui a sans doute été établi,
» dit Boutaric, comme une suite de cette maxime géné-
» rale du royaume, par laquelle le mort saisit le vif »(1);
et Serres ajoute : « Suivant le droit romain les débiteurs
» pouvaient négliger d'acquérir sans que les créanciers

_____

(1) *Institutes conférées avec le droit français*, p. 535.

» pussent s'en plaindre, car l'action Paulienne n'avait
» lieu qu'à l'égard du débiteur qui diminuait son patri-
» moine, mais non pas à l'égard du débiteur *qui recusabat*
» *adire hœreditates, omittebat legata et alia similia*. Il en
» est autrement en France à cause de la maxime *le mort*
» *saisit le vif*; tout héritier ou légataire étant d'abord
» saisi, il ne peut, ce semble, renoncer ou répudier sans
» diminuer effectivement son patrimoine » (1). Plusieurs
auteurs modernes ont reproduit cette idée (2), mais elle
ne nous semble pas exacte. En effet est-il bien vrai que
l'héritier du droit romain n'aliène pas quand il répudie
une hérédité ? L'héritier externe qui refuse de faire adition, soit; mais l'héritier sien qui recourt au bénéfice
d'abstention n'aliène-t-il pas ? N'est-il pas saisi comme
l'héritier français ? Et cependant il n'est pas sujet à l'action Paulienne. Et surtout le légataire du droit français
(celui-là notamment qui n'a pas la saisine) ne fait pas
autre chose que de refuser d'acquérir, et cependant on a
contre lui l'action Paulienne que refusait le droit romain.
La différence entre les deux législations tient donc à ce
que les progrès du droit ont amené à rectifier un point
de vue étroit des jurisconsultes romains. C'est ce qu'explique d'ailleurs Pothier quand il critique la raison que
donnait Salvius Julianus pour décider que la répudiation
d'une succession faite par un mari au profit de sa femme
n'est pas une donation entre époux (3).

§ III. *A qui est donnée l'action Paulienne et qui en profite.*

40. L'action Paulienne n'est donnée qu'aux créanciers

(1) *Institutions du droit français*, p. 390.
(2) Marcadé, t. IV, p. 498; Capmas, p. 16.
(3) *Traité des donations entre mari et femme*, n° 88; Cpr., D. L. 5,
§§ 13 et 14, *De donat. int. vir. et ux.*

postérieurs à l'acte attaqué, car eux seuls peuvent dire qu'il a été fait en fraude de leurs droits; cependant les créanciers postérieurs pourraient y avoir droit si leur argent avait été employé à désintéresser des créanciers antérieurs (D. lois 15 et 16, *quæ in fraud. cred.*).

Le préteur, dans son édit, promet l'action *curatori bonorum vel ei cui de ea re actionem dari oportebit* : de ce qu'elle est ainsi accordée au *curator bonorum,* qui nécessairement n'agit pas pour le compte de tel ou tel créancier, mais les représente tous, il nous semble résulter que le bénéfice de l'action Paulienne, en droit romain, ne profitait pas exclusivement au créancier fraudé, mais à la masse; et que, lorsqu'elle était intentée par un seul d'entre eux (*is cui de ea re actionem dari oportebit*), il devait en partager le bénéfice avec les autres, de même que la *missio in possessionem* et le *pignus prætorium* obtenus par l'un profitaient à tous. Cela nous paraît résulter aussi de la loi 10, § 8, D. *quæ in fraud. cred.* : Ulpien se demande si un acte ayant été fait au préjudice de l'un des créanciers, mais ce créancier ayant été désintéressé, ce n'est pas là un obstacle à l'action, et il répond : « *Hoc puto probandum* », comme si la question pouvait faire quelque doute, et elle ne peut en faire qu'en partant de cette idée que le bénéfice de l'action ne doit pas appartenir à ce créancier, contre lequel seul la fraude a été commise, mais doit se répartir entre eux tous. Qu'on ne s'étonne pas d'ailleurs de voir une personne profiter de l'exercice d'une action qu'elle n'aurait pas elle-même : Paul, dans la loi 3, D. *quæ res pignori vel hypothecæ datæ obligari non possunt,* dit que « *sæpe enim quod quis ex* » *sua persona non habet hoc per extraneum petere potest* ».

11. Une autre question qui s'élève sur ce point est celle de savoir si les créanciers hypothécaires peuvent

intenter l'action Paulienne; elle était sérieusement controversée par nos anciens auteurs. Il nous semble, quant à nous, qu'un créancier hypothécaire, tout comme un créancier chirographaire, doit être recevable dans cette action. En effet, de deux choses l'une : ou la chose aliénée *in fraudem creditorum* est grevée d'hypothèque à son profit, ou elle ne l'est pas. Au second cas, il est par rapport à elle comme un créancier chirographaire, et peut intenter toutes les actions auxquelles a droit cette classe de créanciers; au premier cas, il est créancier hypothécaire, mais n'en reste pas moins créancier chirographaire; pour avoir des sûretés spéciales, il ne perd pas le bénéfice du droit commun, et l'action Paulienne lui est ouverte, s'il y a quelque intérêt. Or, il aura intérêt à la préférer à son action hypothécaire s'il veut agir *in id quod ad eum pervenit* contre l'héritier d'un donataire ou d'un acquéreur à titre onéreux de mauvaise foi qui aurait à son tour aliéné, si l'action hypothécaire présente quelques difficultés de preuve, et enfin s'il veut agir *in solidum rei pretium* contre un acquéreur de mauvaise foi, qui, en revendant la chose, s'est libéré de l'action hypothécaire, plutôt que contre un sous-acquéreur de mauvaise foi, qui est désormais seul tenu de cette action hypothécaire, mais qui a pu déplacer la chose et la transporter peut-être fort loin. (En droit romain, cet intérêt est plus grand qu'en droit français, car les meubles pouvaient être hypothéqués, et aujourd'hui ne le peuvent plus, C. N., art. 2118.) — On pourrait d'ailleurs tirer argument en ce sens de la loi 21, D. *quæ in fraud. cred.*, où le jurisconsulte Scévola, supposant que le débiteur, pour frauder ses créanciers, a fait avec son voisin un pacte relatif aux limites d'un fonds hypothéqué à l'un d'eux, accorde l'action Paulienne à celui qui a acheté de ce créancier : ce qui suppose que ce créancier avait lui-même cette action. Mais l'autorité de ce texte a été contestée, et plusieurs auteurs pensent qu'il ne se rapporte pas à l'action Paulienne, et qu'il tranche seulement la question de savoir si cette convention est opposable aux créanciers hypothécaires et à leurs ayants cause.

42. Quant aux héritiers du *defraudator,* ils n'ont pas l'action Paulienne, car ce n'est pas pour eux qu'elle a été créée (C. loi 4, *de rev. his.*); ils succèdent du reste aux obligations de leur auteur, et ne peuvent pas plus qu'il ne le pourrait lui-même attaquer l'acte par lui fait; car le vice de cet acte n'existe qu'à l'égard des créanciers, et dans les rapports du débiteur et du tiers acquéreur il est parfaitement valable.

§ IV. *Des conditions de l'action Paulienne.*

43. Pour qu'il y ait lieu à l'action Paulienne, deux conditions sont requises : la fraude et le préjudice. Ces deux conditions doivent se rencontrer dans les mêmes personnes, en ce sens que, pour qu'il y ait révocation de l'acte frauduleux du débiteur, il faut que le préjudice soit subi par les mêmes personnes que le débiteur a voulu frauder. Par exemple, Primus a pour créancier Titius; se sachant insolvable, il aliène en fraude des droits de Titius, puis il le paye ; plus tard, il a pour créancier Sempronius, et meurt sans l'avoir payé. L'acte frauduleux vaudra-t-il? Oui, en principe; car, si Sempronius est victime d'une fraude, ce n'est pas contre lui qu'elle a été dirigée; d'autre part, Titius est payé et, bien que le débiteur ait voulu lui faire tort, il n'a pas souffert de préjudice. Mais l'acte frauduleux tombera sous le coup de l'action Paulienne, si Titius a été payé avec l'argent de

Sempronius; car Sempronius se trouve ainsi être aux lieu et place de Titius, et les deux conditions de l'action se trouvent réunies. Cette distinction a été admise par un rescrit de Sévère et Antonin (D. loi 10, § 1, lois 15 et 16, *quæ in fraud. cred.*). — D'ailleurs, bien que le préteur dise : *quæ in fraudem creditorum*, cela n'empêche pas la révocation d'être possible quand même il n'y aurait qu'un créancier fraudé, soit que le débiteur n'ait qu'un créancier, soit qu'en ayant plusieurs il les ait tous désintéressés, sauf un, et que celui-ci se trouve être par conséquent la seule victime de la fraude (D. loi 10, § 6, *quæ in fraud. cred.*).

44. I. *Du préjudice.* — Il y a préjudice quand, les biens du *defraudator* venant à être vendus, les créanciers se trouvent n'être pas intégralement désintéressés. Il faut pour cela que ce soient les biens du *defraudator* qui soient insuffisants; si c'étaient les biens de son héritier, que, par exemple, le défunt eût agi *in fraudem creditorum* et fût mort solvable, mais que, par le concours des créanciers de la succession et des créanciers de l'héritier, celui-ci se trouvât insolvable, dans ce cas l'action Paulienne ne serait pas donnée (D. loi 10, § 9, *quæ in fraud. cred.*). Mais on donnait une action utile dans l'hypothèse suivante : un homme, qui a fait des actes en fraude de ses créanciers, meurt laissant un héritier solvable; celui-ci, qui pourrait recourir au bénéfice d'abstention en qualité d'héritier sien, ou ne pas faire adition en qualité d'héritier externe, a accepté l'hérédité, puis fait, lui aussi, quelques actes en fraude des créanciers, mais il s'est fait restituer en entier contre son immixtion dans le premier cas, contre son adition dans le second. Dans ces circonstances, l'action Paulienne ne peut être donnée, suivant la rigueur du droit, ni contre les actes du *de cujus*, puisqu'ayant laissé un héritier solvable il n'a pas causé de préjudice à ses créanciers, ni contre les actes faits par l'héritier, puisqu'il n'est plus héritier, ayant obtenu la *restitutio in integrum.* Mais le préteur, *æqu. ate motus*, donne une action aux créanciers, à condition toutefois qu'ils n'aient pas suivi la foi de l'héritier (D. loi 10, § 10, *quæ in fraud. cred.*). Enfin, si un individu, qui avait agi *in fraudem creditorum*, meurt laissant un héritier impubère, et que le tuteur de celui-ci agisse aussi *in fraudem creditorum*, les créanciers du *de cujus* peuvent demander la séparation de biens et obtenir la révocation de tous les actes frauduleux, tant du défunt que du tuteur de son héritier (D. loi 10, § 11, *quæ in fraud. cred.*). Le préjudice se constate par la *missio in possessionem*, car c'est par la discussion des biens du débiteur que se prouve son insolvabilité. Il n'est pas d'ailleurs nécessaire que cette *missio in possessionem* ait été obtenue par tous les créanciers; prononcée au profit de l'un, elle profite à tous les autres, et c'est en cela que le *pignus prætorium* diffère du *pignus conventionale*, lequel, si d'ailleurs il n'a pas été donné *in fraudem creditorum*, crée un droit de préférence au profit de celui qui l'a obtenu (D. loi 13, *quæ in fraud. cred.*). Il n'y a plus lieu à la révocation quand, le débiteur étant mort insolvable, quelqu'un s'est présenté pour demander l'*addictio bonorum libertatum conservandarum causa*; car il ne l'a obtenue que sous la condition de désintéresser les créanciers, et, faute d'intérêt, il n'y a plus lieu à l'action Paulienne (D. loi 10, § 17, *quæ in fraud. cred.*, Inst. liv. III, tit. XI, § 1).

45. II. *De la fraude.* — Pour qu'il y ait fraude, il n'est pas nécessaire que le débiteur ait cru et voulu tromper tous ses créanciers; qu'en fait, il ait eu l'intention

d'en tromper un seul, cela suffit pour que l'action Paulienne soit accordée (D. loi 10, § 7, *quæ in fraud. cred.*); mais, quand ce créancier est désintéressé, plus d'action, les autres ne se trouvant pas dans les conditions nécessaires pour l'intenter. Cependant il ne suffit pas, pour écarter l'action, d'offrir ce qui lui est dû au créancier en fraude duquel on a agi (D. loi 10, § 8, *eod. tit.*). D'ailleurs, pour qu'il y ait fraude, il faut que les créanciers n'aient pas consenti à l'acte qui leur est préjudiciable (D. loi 6, § 9, *eod. tit.*). L'intention frauduleuse doit se rencontrer : 1° chez le débiteur, 2° chez celui avec qui il a traité, suivant certaines distinctions que nous examinerons en détail quand nous nous occuperons, au § V, des personnes contre qui est donnée l'action Paulienne. Nous dirons seulement ici qu'il y a un cas où la fraude n'est pas nécessaire chez le débiteur, c'est le cas d'une aliénation à titre universel; celui qui aliène tous ses biens *intelligendus est fraudandorum creditorum consilium habuisse* (D. loi 17, § 1, *eod. tit.*). Nous remarquerons aussi qu'il y a un cas où l'action Paulienne n'est pas nécessaire pour faire tomber les actes faits *in fraudem creditorum* : c'est quand la fraude a été commise par un fils de famille auquel le *pater familias* avait accordé la libre disposition de son pécule. De deux choses l'une, en effet : ou il n'a pas entendu (et c'est là la présomption) lui donner le droit d'agir *in fraudem creditorum*, alors l'acte n'est pas valable, parce qu'il dépasse les pouvoirs du fils; ou le père a entendu donner à son fils un pareil pouvoir, et alors même l'action Paulienne n'est pas nécessaire, le père étant tenu *de peculio* (D. loi 12, *eod. tit.*).

46. Quand on exerce l'action Paulienne contre un tiers acquéreur, il n'est pas nécessaire de lui rendre le

prix qu'il a payé. Cependant, si les écus se trouvent dans les mains du *defraudator*, le juge de l'action pourra obliger les créanciers à les restituer, *quia ea ratione nemo fraudetur* (D. lois 7 et 8 , *eod. tit.*).

§ V. *Contre qui est donnée l'action Paulienne.*

47. L'action Paulienne est donnée : 1° contre les tiers qui ont traité avec le débiteur; 2° contre le débiteur lui-même.

48. I. *De l'action Paulienne contre les tiers.* — Une condition essentielle pour que l'action Paulienne soit donnée contre les tiers qui ont traité avec le débiteur, c'est qu'ils aient été complices de la fraude. Mais il ne suffit pas pour cela qu'ils aient su que le débiteur avait des créanciers, il faut qu'ils aient su qu'il voulait les tromper. « *Quod ait prætor* SCIENTE *sic accipimus* TE CONSCIO ET FRAUDEM PARTICIPANTE, *non enim si simpliciter scio creditores habere hoc sufficit ad contendendum teneri eum in factum actione, sed si particeps fraudis est* » (D. loi 10, § 2, *quæ in fraud. cred.*, Cpr. loi 4, *eod tit.*). Mais il n'est pas nécessaire d'être complice de la fraude lorsque, ayant été averti par les créanciers de ne pas acheter du débiteur, on a persisté à le faire : *non caret fraude qui testato conventus perseveraverit* (D. loi 10, § 3, *eod. tit.*). Enfin, si c'est un esclave ou un fils de famille qui, dans l'ignorance de son maître ou de son *pater familias*, a, de mauvaise foi, reçu la chose du *defraudator*, le maître et le *pater familias* sont tenus seulement *quatenus locupletiores facti sunt;* si c'est un mandataire qui a participé à la fraude, dans l'ignorance du mandant, c'est lui qui est tenu de l'action Paulienne (D. lois 6, § 12, 25, § 3, *eod tit.*).

Le principe est posé par la loi 6, § 8, D. *eod tit.* : « *Hoc edictum eum coercet qui, sciens eum in fraudem creditorum hoc facere, suscepit quod in fraudem creditorum fiebat; quare si quid in fraudem creditorum factum sit, si tamen is qui cepit ignoravit, cessare videntur verba edicti.»* Mais il y a deux exceptions : 1° quand c'est un pupille qui a reçu la chose *sine auctoritate tutoris;* 2° quand c'est un tiers acquéreur à titre gratuit.

49. A. La loi 6, § 10, D. *eod. tit.* est ainsi conçue : *« Si quid cum pupillo gestum est in fraudem creditorum, Labeo ait omnino revocandum si fraudati sint creditores : quia pupilli ignorantia quæ per ætatem contingit non debet esse ipsi lucrosa, eoque jure utimur. »* Pothier (1) a voulu restreindre ce texte à l'hypothèse d'une acquisition à titre gratuit, mais cette conjecture ne peut être admise, le texte ne faisant aucune distinction. On comprend très-bien d'ailleurs cette décision, car, s'il en était autrement, comme le pupille est toujours de bonne foi, l'acte que le débiteur a fait avec lui *in fraudem creditorum* ne serait jamais attaquable, et, comme Doneau le fait observer (2), les débiteurs obérés n'auraient rien de plus pressé que de vendre leurs biens à des pupilles. D'ailleurs Doneau conclut des mots *non debet esse ipsi lucrosa* qui se trouvent dans cette loi, que le pupille n'était jamais tenu que *quatenus locupletior factus erat,* et cette conjecture n'a rien que de raisonnable. C'est sans doute par une raison analogue que la loi 10, § 5, D. *eod. tit.,* supposant qu'un tuteur a reçu de mauvaise foi la chose d'un débiteur insolvable, décide que cette fraude nuira au mineur, *quatenus quid ad eum pervenit.*

50. B. L'acquéreur à titre gratuit est tenu de l'action

---

(1) *Ad hunc titulum,* n° 12.
(2) *Commentaria de jure civili,* cap. xxiii, n° 11.

Paulienne , alors même qu'il est de bonne foi, car, entre deux personnes dont l'une *certat de lucro captando*, l'autre *de damno vitando*, il est juste que la dernière soit préférée. Cette distinction entre l'acquéreur à titre gratuit et l'acquéreur à titre onéreux résulte de plusieurs textes, notamment des lois 6, §§ 11 et 13, 23, 25, pr., D. *eod. tit.*, 5, C. *eod. tit.* La loi 25 pr., notamment, prévoit les hypothèses suivantes: 1° Un créancier fait acceptilation à son fidéjusseur qui est de mauvaise foi, il n'est pas libéré, et, quant au débiteur principal, il est libéré par cette acceptilation s'il est de bonne foi; s'il est de mauvaise foi, il ne l'est pas. Si le fidéjusseur est de mauvaise foi, non libéré par conséquent, mais insolvable, les créanciers de celui qui l'a libéré ont-ils un recours contre le débiteur principal? Oui s'il est de mauvaise foi, oui encore s'il est de bonne foi, car il est libéré *donationis causa*. 2° L'acceptilation est faite au débiteur principal de mauvaise foi, il n'est pas libéré; quant au fidéjusseur, il n'est pas libéré s'il est de mauvaise foi; s'il est de bonne foi, il est libéré, et pas de recours contre lui en cas d'insolvabilité du débiteur principal, car il n'est pas libéré à titre de donation, puisqu'en définitive ce n'est pas lui qui devait supporter la dette, *quoniam magis detrimentum non patiatur quam lucrum faciat*. 3° Au lieu d'un débiteur principal et d'un fidéjusseur, il y a deux débiteurs principaux; l'acceptilation faite à l'un les libère tous deux à titre gratuit et l'action Paulienne est donnée contre eux, fussent-ils de bonne foi. — D'ailleurs, la question de fraude n'est pas sans importance à l'égard du donataire ou du légataire; car, s'il est de bonne foi, il n'est tenu que de ce dont il a profité; s'il est de mauvaise foi, il est tenu comme un acquéreur à titre onéreux de mauvaise foi (D. loi 6, § 11, *eod. tit.*).

51. Quelle est, au point de vue de cette distinction entre les actes à titre onéreux et les actes à titre gratuit, la nature de la constitution de dot? La loi 25, §§ 1 et 2, D. *quæ in fraud. cred.* fait les distinctions suivantes : 1° si le mari est de bonne foi, la femme de mauvaise foi, la femme seule est tenue de l'action Paulienne; 2° si le mari est de mauvaise foi, la femme de bonne foi, le mari est tenu de restituer la dot; 3° si les deux époux sont de bonne foi, la femme est seule tenue. En d'autres termes, la constitution de dot est un acte à titre onéreux vis-à-vis du mari, parce que la dot lui est apportée *ad onera matrimonii sustinenda;* à titre gratuit, vis-à-vis de la femme, quoique déjà les lois Julia et Papia Poppæa et les constitutions impériales eussent fait une obligation civile pour les parents de doter leurs enfants (1). La même loi 25 dit enfin que, si le mari de mauvaise foi, tenu, par conséquent, de l'action Paulienne, a déjà restitué la dot de sa femme, il a contre elle la *condictio indebiti*, à condition qu'il ait payé sans s'être laissé poursuivre; cela fait allusion à ce que, dans le cas où il a été poursuivi, il est tenu de l'action *judicati,* une de celles *ubi lis inficiando crescit in duplum,* et où, par conséquent, la *condictio indebiti* n'est pas recevable (2). Si la dot a été constituée par un étranger, l'action Paulienne est donnée contre le père de la femme dotée, s'il est de mauvaise foi, car, à son égard, la constitution de dot n'est pas une donation, puisqu'il n'a l'action *rei uxoriæ* qu'*adjuncta filiæ persona* (3), et la dot doit être conservée pour aider la fille dans un nouvel établissement.

52. L'acquéreur d'une chose aliénée *in fraudem credi-*

---

(1) C. L. 14, *De jur. dot.*
(2) Gaius, *Comm.* IV, § 171; Inst., liv. III, tit. XXVII, § 7.
(3) Ulp., *Reg.*, tit. VI, § 6.

torum peut l'avoir à son tour aliénée : l'action Paulienne est-elle possible contre le sous-acquéreur ? Cette question avait fait difficulté. Paul (D. loi 9, *eod. tit.*) nous dit que l'opinion qui prévalut fut celle de Sabinus, d'après laquelle il ne peut être poursuivi que s'il est de mauvaise foi; Paul suppose que ce sous-acquéreur est un acquéreur à titre onéreux qui a reçu d'un premier acquéreur de mauvaise foi; aussi pensons-nous 1° que, s'il avait reçu d'un acquéreur de bonne foi, il ne serait pas tenu de l'action, son auteur ne l'étant pas; 2° qu'il serait tenu, même étant de bonne foi, s'il avait reçu à titre gratuit d'un acquéreur de mauvaise foi ou qui eût acquis lui-même à titre gratuit.

53. II. *De l'action Paulienne contre le débiteur lui-même.* — La loi 25, § 7, D. *quæ in fraud. cred.* est ainsi conçue : « *Hæc actio etiam in ipsum fraudatorem datur, licet Mela non putabat in fraudatorem esse dandam, quia nulla actio in eum ex ante gesto post bonorum venditionem daretur, et iniquum esset actionem in eum dari cui bona ablata essent. Si vero quædam disperdidisset, si nulla restitutione recuperari possent, nihilominus actio in eum dabitur, et prætor non tantum emolumentum actionis intueri videtur in eo qui exutus est bonis quam pænam.* » Cette action donnée contre le débiteur lui-même, alors qu'il n'avait plus de biens, servait à l'empêcher de faire cession et de se soustraire ainsi à la contrainte personnelle. Mais il y a sur cette loi une difficulté qui résulte de sa comparaison avec le § 155 du commentaire II de Gaius. Tandis, en effet, que Venuleius, dans notre loi 25, dit que *nulla actio in eum ex ante gesto post bonorum venditionem datur,* Gaius, à propos du bénéfice de séparation offert par le préteur à l'esclave héritier nécessaire, dit que, lorsque les biens d'un insolvable ont été vendus, et

que le prix n'a pu que partiellement désintéresser les
créanciers, les biens qu'il acquerra par la suite pourront
encore être vendus. « *Ceterorum hominum quorum bona
pro portione venierant, si quid postea adquirant, etiam
sæpius eorum bona veniri soleant.* » Nous nous en
tiendrons sur ce point à la conciliation ordinairement
donnée et qui consiste à dire que les créanciers d'une
personne dont les biens ont été déjà vendus ne peuvent plus intenter contre elle une action tendant à
faire reconnaître un droit de créance préexistant; mais
qu'ils peuvent encore, même après la *bonorum venditio*,
poursuivre les voies d'exécution qui en dérivent.

§ VI. *Des effets de l'action Paulienne.*

54. Nous avons exposé déjà que l'action Paulienne est
arbitraire, que, par conséquent, le juge, avant de passer
à la condamnation, rend un ordre qui permet au défendeur qui y satisfait d'échapper à la condamnation.
Les effets de l'action Paulienne dont nous voulons traiter
ici se réfèrent à l'exécution de cet ordre et, par conséquent, à la restitution à laquelle est obligé le défendeur.
La loi 10, § 22, D. *quæ in fraud. cred.* pose le principe :
« *Generaliter sciendum est ex hac actione restitutionem
fieri oportere in pristinum statum, sive res fuerint, sive
obligationes.* » Mais les effets de l'action Paulienne doivent être examinés séparément en ce qui concerne les
deux actes les plus importants qu'ait pu faire un débiteur
en fraude de ses créanciers et dont s'occupent surtout
les textes : l'aliénation, la libération d'un débiteur.

55. I. *Aliénations.* — « *Per hanc actionem res restitui
debet cum omni sua causa* », pose en principe la loi 10,
§ 29, D. *eod. tit. Omnis causa,* c'est l'ensemble des pro-

duits de la chose, qu'ils aient ou non le caractère de fruits, et des accessoires qui viennent l'augmenter. D'abord, quant au part de l'esclave que les Romains, on le sait, ne considéraient pas comme un fruit (1), la loi 25, §§ 4 et 5, D. *eod. tit.* dit que, si l'esclave aliénée conçoit depuis l'aliénation et avant l'exercice de l'action, le part n'est pas compris dans la restitution, car il n'était pas *in bonis debitoris* lors de l'aliénation frauduleuse (D. loi 10, § 2, *eod. tit.*). Une distinction analogue était faite quant aux fruits; mais elle présente quelques difficultés. Suivant le droit commun des actions réelles dont la revendication est le type (nous laissons de côté la pétition d'hérédité), on distingue à l'époque classique entre le possesseur de bonne et le possesseur de mauvaise foi. Le premier doit restituer les fruits seulement qu'il a perçus depuis la *litis-contestatio*, le second doit restituer de plus les fruits perçus avant la *litiscontestatio*, et ceux même qu'il aurait dû percevoir et qu'il a négligés (2). Jusqu'à quel point cette théorie générale est-elle applicable à l'action Paulienne ? Elle ne s'applique pas d'abord aux fruits qui *alienationis tempore terræ cohærebant :* ces fruits étaient *in bonis debitoris,* aussi la fraude de ce débiteur suffit-elle pour qu'ils doivent être restitués même par un possesseur de bonne foi, qui ne lutte d'ailleurs que *de lucro captando,* puisque le possesseur de bonne foi poursuivi par l'action Paulienne ne peut être qu'un donataire (D. loi 25, §§ 4 et 6, *eod. tit.*). Quant aux fruits produits par la chose depuis la *litiscontestatio,* les règles ordinaires s'appliquent et tout défendeur à l'action Paulienne en doit compte (D. loi 24,

(1) Inst., liv. II, tit. I, § 37, D. L. 27, pr., *De hær. pet.,* 68 pr., et § 2, *De usufr.;* Cicéron, *De Fin. bon. et mal.,* I, 4.
(2) Inst., liv. II, tit. I, § 35; D. L. 48, *De reiv.,* 25, §§ 1 et 28, *De us.,* 4, § 19, *De usurp.;* C. L. 22, *De reiv.,* 2, *De pet. hær.*

§ 4, *eod. tit.*). Enfin, quant aux fruits qui n'étaient pas pendants par branches ou par racines au moment de l'aliénation frauduleuse, mais qui ont été perçus avant la *litiscontestatio*, nous croyons qu'il faut suivre le principe général; que, par conséquent, le possesseur de bonne foi les fait siens, tandis que le possesseur de mauvaise foi doit les rendre. Pour le possesseur de bonne foi, pas de doute, les textes sont formels (D. loi 25, § 4, *eod. tit.*). Mais Pothier, se fondant sur ce que les mêmes textes ne font pas de distinction, applique la même décision au possesseur de mauvaise foi et prétend qu'il ne doit que les fruits pendants par branches ou par racines lors de l'aliénation frauduleuse et les fruits postérieurs à la *litiscontestatio* (1). Mais cette doctrine nous semble inadmissible et nous pensons que le possesseur de mauvaise foi est, suivant le droit commun, tenu de rendre encore les fruits perçus ou négligés avant la *litiscontestatio*, alors même qu'ils n'auraient été pendants ni par branches ni par racines lors de l'aliénation frauduleuse. Nous argumentons en ce sens 1° des principes généraux; 2° de la loi 10, § 20, D. *quæ in fraud. cred.*: « *Et fructus non tantum qui percepti sunt, verum etiam hi qui percipi potuerunt a fraudatore veniunt;* » 3° d'un texte encore plus formel, s'il est possible, la loi 38, § 4, D. *de usuris* : « *In Faviana quoque actione et Pauliana per quam quæ in fraudem creditorum alienata sunt restituuntur, fructus quoque restituuntur, nam prætor id agit ut perinde omnia sint atque si nihil esset alienatum : quod non est iniquum, nam et verbum* RESTITUAS *quod in hac re prætor dixit plenam habet significationem, ut fructus quoque restituantur.* » — D'ailleurs le possesseur de mauvaise foi comme le possesseur

---

(1) *Ad hunc titulum*, n° 30.

de bonne foi compense avec ce qu'il doit restituer, à l'aide de l'exception de dol et *arbitrio judicis*, les impenses qu'il a pu faire (D. loi 10, § 20, *eod. tit.*). Ajoutons encore qu'en cas d'aliénation, l'action Paulienne peut être intentée contre les personnes *quibus actio competit, ut actione cedant* : par exemple, si une personne charge Titius de recevoir la chose aliénée par le *defraudator*, l'action Paulienne sera dirigée contre elle pour la contraindre à céder son action *mandati directa* contre Titius, et de même si le *defraudator* a constitué une dot à sa fille et que le mari soit de mauvaise foi, l'action sera donnée contre la femme pour la contraindre à céder son action *rei uxoriæ* (D. loi 14, *eod. tit.*). Ce qui, soit dit en passant, ne laisse pas que de présenter une certaine difficulté ; car, si le mari est de mauvaise foi, il est tenu directement de l'action Paulienne et les créanciers n'ont pas besoin de se faire céder l'action en restitution qui appartient à la femme. Peut-être faut-il lire ici *sciente*, et alors ce serait la femme qui serait de mauvaise foi et le mari de bonne foi, et les créanciers auraient l'action Paulienne pour la contraindre à céder son action *rei uxoriæ* contre son mari. Cela prouverait que, dans l'opinion d'Ulpien auquel a été emprunté le texte en question, la femme comme le mari n'est tenue de l'action Paulienne que si elle est *sciens*, c'est-à-dire de mauvaise foi, et qu'ainsi la constitution de dot aurait été considérée par quelques jurisconsultes comme acte à titre onéreux tant à l'égard du mari qu'à celui de la femme (1).

66. II. *Libérations.* — Si le débiteur a fait remise d'un droit qu'il avait ou fait acceptilation à son débiteur, le juge, dans son *jussus*, ordonnera au défendeur de se

___

(1) Demangeat, *De la condition du fonds dotal*, p. 160, note 1.

reconstituer débiteur. « *Omnes debitores qui in fraudem*
» *creditorum liberantur per hanc actionem revocantur in*
» *pristinam obligationem* » (D. loi 17 pr., *eod. tit.*, Cpr.
loi 10, § 15, *eod. tit.*) En cas pareil l'obligation du débiteur libéré *in fraudem creditorum* redevient ce qu'elle
était, conditionnelle si elle était originairement affectée
d'une condition, à terme si un terme y avait été ap-
posé. Mais, si cette obligation était munie d'une de ces
actions *quæ tempore pereunt*, le délai de l'action Paulienne, qui n'est pas ordinairement de plus d'un an à
partir de la *venditio bonorum*, peut être moindre : si, en
effet, l'action qui résulte du droit reconstitué devait s'é-
teindre naturellement avant l'expiration de ce délai d'un
an, qu'elle n'eût plus par exemple que quatre mois
d'existence, les créanciers ne pourront agir que pendant
quatre mois, seulement ce délai ne courra que du jour
de la *venditio bonorum* (D. loi 10, § 23, *eod. tit.*). Quant aux
intérêts de la créance dont le débiteur a été libéré *in
fraudem creditorum*, ils sont dus dans tous les cas et
même par le possesseur de bonne foi : cette différence
entre les fruits et les intérêts (on la retrouve aussi dans la
loi 44, § 6, D. *ad senatusconsultum Trebellianum*) tient à
ce que, à l'époque de l'aliénation frauduleuse, les fruits
qui n'étaient pas encore pendants par branches ou par
racines n'existaient pas et, par conséquent, n'ont pu
être aliénés frauduleusement, au lieu que le débiteur, en
aliénant sa créance, a aliéné le droit en vertu duquel les
intérêts lui étaient dus aussi bien que le capital (D. loi 10,
§ 22, *eod. tit.*).

DROIT FRANÇAIS.

I. DROIT CIVIL.

57. L'existence de l'action Paulienne dans notre ancien droit était contestée par quelques auteurs; Rousseaud de Lacombe, notamment, écrivait : « Nous ne suivons en » aucun point les titres *quæ in fraudem creditorum*, au » Digeste, *de revocandis his* au Code; nous avons d'au- » tres moyens de nous garantir contre les aliénations » faites par les débiteurs en fraude des droits de leurs » créanciers, tels que l'action en déclaration d'hypo- » thèque pour les fonds, les oppositions, etc....; nos » usages sont même contradictoirement opposés aux lois » romaines sur ce point (1). » Mais on est obligé de re- connaître que ce n'est qu'une opinion isolée, quand on voit tous les autres auteurs, Boutaric, (2), Serres (3), Domat (4), Pothier (5), Furgole (6), Coquille (7) et un arrêt du Parlement de Paris (29 janvier 1596) (8) en

---

(1) *Jurisprudence civile*, v° Fraude.
(2) *Institutes conférées avec le droit français*, p. 535.
(3) *Institutions du droit français*, p. 309.
(4) *Lois civiles*, liv. II, tit. X, § 1, n° 2.
(5) *Traité des successions*, ch. III, sect. III, art. 1, § 3; *Traité de la communauté*, n° 533; *Traité des substitutions*, n° 103; *Traité des fiefs*, n° 280.
(6) Sur l'ord. de 1747, p. 224.
(7) *Sur la coutume de Nivernais, titre des exécutions*, n° 14.
(8) Louet sur Brodeau, *lettre R*, n° 20.

5.

faire l'application à différentes hypothèses, Pothier lui-même en formuler le principe d'une manière générale (1) et enfin plusieurs textes législatifs en proclamer l'existence (2).

Une extension avait même été apportée aux principes du droit romain. Les auteurs que nous venons de citer appliquaient l'action Paulienne à des actes, comme les renonciations à succession, par lesquels le débiteur omettait seulement d'acquérir, et l'ordonnance de 1747, art. 42, avait étendu cette décision aux restitutions anticipées de substitutions. « La restitution d'un fidéicommis » faite avant le temps de son échéance par quelque acte » que ce soit ne pourra empêcher que les créanciers du » grevé qui seront antérieurs à ladite restitution ne » puissent exercer sur les biens substitués les mêmes » droits et actions que s'il n'y avait pas eu de restitution » anticipée. » Nous nous sommes déjà expliqué sur les motifs de cette innovation (*supra*, n° 39).

Une autre règle nouvelle qui tendit à s'introduire, mais qui rencontra des résistances, fut un principe en vertu duquel les créanciers attaquant une renonciation faite par le débiteur qui par là s'est rendu insolvable, n'auraient à prouver que le préjudice et seraient dispensés de prouver l'intention frauduleuse de ce débiteur. Boutaric et Serres avant l'ordonnance de 1747, Furgole sur l'art. 42 de cette ordonnance, soutenaient cette doctrine nouvelle (3), mais avant l'ordonnance

---

(1) *Traité des obligations*, n° 153.

(2) Coutumes de Normandie, art. 25; de Lille, titre V, art. 10; de Douai, titre III, art. 10; de Melun, art. 310; de Sens, art. 131; d'Amiens, art. 120; ancienne coutume du Bourbonnais, titre XIII, art. 5.

(3) *Locc. citt.*

Ricard (1) et depuis Pothier (2) n'admettaient pas cette distinction et s'en tenaient purement et simplement aux principes du droit romain. Pothier n'admettait pas même d'exception pour le cas de restitution anticipée d'une substitution permise; il ne paraissait pas considérer l'art. 42 de l'ord. de 1747 comme dérogeant aux principes reçus jusqu'alors. Quant à Domat (3), il ne parle que du préjudice, mais cela ne prouve pas qu'il admît la doctrine de Boutaric et de Furgole, car il faut remarquer que le chapitre où se trouve ce passage est intitulé *Libéralités frauduleuses* et se réfère d'ailleurs à un autre objet, à la différence qui sépare les actes à titre gratuit des actes à titre onéreux au point de vue de la bonne ou de la mauvaise foi des tiers.

Domat fait d'ailleurs remarquer que l'action Paulienne ne pouvait pas avoir dans notre ancienne jurisprudence la même importance qu'en droit romain; car les actes notariés emportaient de plein droit hypothèque générale, et l'action Paulienne est utile surtout aux créanciers chirographaires. Une classe nombreuse de créanciers, ceux qui avaient un titre authentique, n'en avait donc pas besoin.

58. L'action Paulienne fut admise dans le projet de code civil. La commission de l'an VIII lui consacra plusieurs dispositions : l'une de principe (liv. III, tit. II, art. 52), les autres d'application, qui furent les unes et les autres modifiées par les observations du tribunal de cassation. Mais nous ne voulons pas insister ici sur cet historique et nous le renvoyons au chapitre IV de nos explications où nous traiterons une question grave, celle de

---

(1) *Traité des substitutions*, ch. x, part. II.
(2) *Traité des substitutions*, n° 103.
(3) *Loc. cit.*

savoir quelles sont les conditions que doit réunir l'action Paulienne dans la personne du débiteur pour être admise contre les actes à titre gratuit, question pour la solution de laquelle les travaux préparatoires sont d'un grand secours. Ajoutons seulement que les articles dont nous avons à présenter l'explication n'ont été au conseil d'État l'objet d'aucune discussion ; MM. Bigot-Préameneu, Favard et Mouricault n'ont fait qu'énoncer brièvement le principe qui les domine, sans résoudre ni même signaler aucune des graves questions que soulève cette matière.

59. L'article 1167 du Code Napoléon, auquel nous devons joindre les articles 622, 788, 882, 1053, 1447, 1464, 2225, est la disposition fondamentale du sujet. Il est ainsi conçu : « Ils (les créanciers) peuvent aussi en leur nom personnel attaquer les actes faits par leur débiteur en fraude de leurs droits. Ils doivent néanmoins, quant à leurs droits énoncés au titre *des successions* et à celui *du contrat de mariage et des droits respectifs des époux*, se conformer aux règles qui y sont prescrites. »

60. Nous diviserons ainsi qu'il suit nos explications sur les articles 1167 et ceux qui s'y rattachent. Dans un premier chapitre, nous parlerons de la nature de l'action Paulienne, dans un deuxième, des personnes qui peuvent l'intenter ; dans un troisième, des actes auxquels elle s'applique (et à cette occasion nous présenterons le commentaire des articles 622, 788, 1053, 1464, 2225 d'une part, 882 et 1447 d'autre part) ; dans un quatrième, des personnes contre qui elle est donnée et de ses conditions ; dans un cinquième, de ses effets ; dans un sixième, de sa prescription ; dans un septième enfin nous la distinguerons d'une autre action dont elle se rapproche, celle qui résulte de l'article 1166 du Code Napoléon.

CHAPITRE PREMIER.

DE LA NATURE DE L'ACTION PAULIENNE.

64. — La question capitale de ce sujet, d'où dépend la solution d'un grand nombre de difficultés pratiques, est de savoir si l'action Paulienne est réelle ou si elle n'est que personnelle. Mais cette question, on le comprend, ne se pose qu'au sujet de l'action dirigée contre une aliénation; si elle était dirigée contre une obligation ou une libération consentie par le débiteur au profit d'un tiers, évidemment l'action ne pourrait être que personnelle. En est-il de même quand il s'agit de faire révoquer une aliénation?

« Quiconque s'est obligé personnellement est tenu de remplir son engagement sur tous ses biens mobiliers et immobiliers, présents et à venir. Les biens du débiteur sont le gage commun de ses créanciers. » Tels sont les deux principes posés par les articles 2092 et 2093 du Code Napoléon, qui ne sont d'ailleurs que la reproduction de l'ancien adage : *quiconque s'oblige oblige le sien.* Et ce ne sont pas seulement les biens corporels du débiteur qui sont le gage de ses créanciers, ce sont aussi ses biens incorporels, et de là résulte pour eux le droit que leur confère l'article 1166 du Code Napoléon d'exercer ses droits et actions, à l'exception toutefois de ceux qui sont exclusivement attachés à sa personne. Mais s'ils peuvent invoquer du chef du débiteur les contrats par lui faits, à l'inverse ils leur sont opposables en ce sens qu'ils sont obligés de subir les modifications qui en résultent pour le patrimoine de leur débiteur. Ce n'est pas, en effet, tel ou tel bien, mais le patrimoine entier du débiteur tel qu'il se comporte, qui est soumis à leur droit de gage. Les créanciers qui ont suivi sa foi, qui n'ont pas pris de sûretés spéciales, sont donc exposés aux conséquences du pouvoir de disposer, qui est l'attribut le plus énergique de la propriété (C. N. art. 544); seulement, tout pouvoir a ses limites et, si le débiteur agit de mauvaise foi, s'il a causé et voulu causer un préjudice à ses créanciers, alors naît pour eux une action, l'action Paulienne, que l'on désigne souvent sous le nom d'action révocatoire, quoique ces expressions, employées du reste par l'article 1167, ne laissent pas que d'être dangereuses et qu'elles soient de nature à faire illusion sur le but et la nature véritables de cette action. L'action Paulienne, remarquons-le, est surtout une protection pour les créanciers chirographaires; son exercice ne suppose pas qu'il y ait au profit des créanciers et sur le bien aliéné en fraude de leurs droits aucun droit réel de privilége ou d'hypothèque : le débiteur avait conservé son droit de libre disposition, aussi l'action Paulienne n'est-elle pas dirigée contre l'acte en lui-même, mais contre le débiteur frauduleux et ses complices : elle n'est pas l'exercice ni la sanction d'un droit de suite, c'est une action en indemnité. Le débiteur était libre d'aliéner, l'acquéreur libre d'acquérir, mais une fraude a été commise et une action est donnée contre ceux qui y ont participé pour les contraindre à réparer le préjudice qu'ils ont sciemment fait à autrui. C'est bien là le but que le législateur lui-même reconnaît à l'action Paulienne quand il dit dans l'article 788 du Code Napoléon, en parlant des créanciers qui attaquent la renonciation à une succession faite par leur débiteur en fraude de leurs droits : « Dans ce cas, la renonciation n'est annulée qu'en faveur des créanciers et jusqu'à concurrence seulement de leurs

créances, elle ne l'est pas au profit de l'héritier qui a
renoncé. »

L'action Paulienne est donc une action en indemnité :
aussi l'acquéreur a-t-il le droit de garder l'objet qu'il a
acquis en désintéressant les créanciers qui le poursuivent.
Et, conséquence autrement importante, ne peut-elle être
intentée que contre l'acquéreur à titre gratuit et l'acquéreur à titre onéreux qui est de mauvaise foi ? C'est
une doctrine traditionnelle, professée d'abord par les
jurisconsultes romains (1), et reproduite sans hésitation
par Domat : « Toutes les dispositions que peuvent faire
» les débiteurs à titre de libéralité au préjudice de leurs
» créanciers peuvent être révoquées, soit que celui qui
» reçoit la libéralité ait connu le préjudice fait aux créan-
» ciers ou qu'il l'ait ignoré ; car sa bonne foi n'empêche
» pas qu'il ne fût injuste qu'il profitât de leur perte.....
» L'aliénation des meubles et immeubles que font les dé-
» biteurs à autre titre que de libéralité à des personnes
» qui acquièrent de bonne foi et à titre onéreux, igno-
» rant qu'il soit fait préjudice à des créanciers, ne peu-
» vent être révoquées, quelque intention de fraude qu'ait
» eue le débiteur, car sa mauvaise foi ne doit pas causer
» une perte à ceux qui exercent avec lui un commerce
» licite et sans part à la fraude (2). » Aussi, malgré la
concision de l'article 1167, cette distinction ne fait-elle
aucun doute parmi les auteurs modernes. Elle est d'ailleurs reproduite par le législateur dans une matière analogue, sinon identique à l'action Paulienne, celle de la
faillite. Les articles 446 et 447 du Code de commerce,
indiquant les actes qui peuvent être annulés quand ils ont

(1) D. L. 6, §§ 8 et 11, *Quæ in fraud. cred.*
(2) *Lois civiles*, liv. III, sect. 1, nos 2 et 3.

été faits par le failli depuis la cessation de ses payemens, ou dans les dix jours qui l'auront précédée, disposent : Art. 446 : « Sont nuls et sans effet, relativement à la » masse, quand ils auront été faits par le débiteur depuis » l'époque déterminée par le tribunal comme étant celle » de la cessation de ses payements, ou dans les dix jours » qui auront précédé cette époque, tous actes translatifs » de propriété mobilière ou immobilière à titre gra- » tuit....... » — Art. 447 : « Tous autres payements faits » par le débiteur pour dettes échues, et tous autres actes » à titre onéreux par lui passés après la cessation de ses » payements et avant le jugement déclaratif de faillite, » pourront être annulés, si, de la part de ceux qui ont » contracté avec lui, ils ont eu lieu avec connaissance de » la cessation de ses payements. » Mais le fondement de l'action Paulienne varie suivant qu'elle est intentée contre l'une ou l'autre de ces personnes, contre l'acquéreur à titre gratuit de bonne foi, c'est un quasi-contrat : nul ne doit s'enrichir aux dépens d'autrui ; contre l'acquéreur à titre gratuit ou onéreux de mauvaise foi, c'est l'art. 1382 du Code Napoléon : « Tout fait quelconque de l'homme » qui cause à autrui un dommage oblige celui par la faute » duquel il est arrivé à le réparer. »

La conclusion de ce qui précède, c'est que l'action Paulienne, alors même qu'elle est dirigée contre une aliénation, n'est qu'une action personnelle, et il en résulte les conséquences suivantes que nous ne faisons qu'indiquer pour ne pas anticiper sur les développements que nous avons à présenter : 1° quand l'action Paulienne est dirigée contre un sous-acquéreur, elle est soumise aux mêmes conditions que s'il s'agissait d'un acquéreur en premier ordre : il faut qu'il ait acquis à titre onéreux et de mauvaise foi ou à titre gratuit d'un acquéreur soumis lui-même à l'action ; 2° quand l'action Paulienne est intentée par les créanciers antérieurs à l'acte frauduleux, les seuls, en principe, qui puissent l'intenter, les créanciers postérieurs n'ont point de part au bénéfice qui en résulte ; 3° si le défendeur à l'action Paulienne est insolvable, les créanciers du débiteur qui a frauduleusement aliéné sont tenus de subir le concours des propres créanciers de ce défendeur ; 4° l'action Paulienne ne peut jamais être portée qu'au tribunal du domicile du défendeur (Pr. c. art. 59, § 1).

62. Telle est l'opinion que suivent la plupart des auteurs (1). Elle n'est cependant pas incontestée, et il s'en est produit deux autres. D'après l'une, que M. Zachariæ a émise sans la motiver, l'action Paulienne serait une action réelle : « L'action révocatoire, dit M. Zachariæ, » est tantôt réelle, tantôt personnelle, suivant la nature » du droit qu'elle a pour objet de faire rentrer ou réinté- » grer dans le patrimoine du débiteur (2) ». L'autre opinion en fait une action mixte : suivant elle, l'action Paulienne offre à la fois un élément réel et un élément personnel : un élément personnel, une contestation sur le point de savoir si les créanciers sont liés par l'acte frauduleux de leur débiteur; un élément réel, c'est-à-dire une prétention fondée sur ce que le pouvoir de disposition du débiteur et l'espèce de mandat d'administrer *cum libera potestate* qu'il a reçu de ses créanciers ne lui donnent pas le droit d'agir de mauvaise foi, de telle sorte que, si au préjudice causé aux créanciers se joint une

---

(1) Duranton, *Cours de droit civil*, t. X, nos 582 et 583; Aubry et Rau, *Cours de droit civil*, t. III, § 313, texte et notes 2 et 32; Capmas, nos 33 et suiv.; Bonjean, *Traité des actions*, t. II, p. 167; Hureaux, *Revue pratique*, 1864, t. XVII, p. 368.

(2) *Première édition*, § 313, texte et note 25.

intention de leur faire tort, il reste à ceux-ci pour reprendre cet objet aliéné dans les mains de l'acquéreur un droit
de suite que l'article 2092 ne confère pas dans les circonstances ordinaires aux créanciers chirographaires, mais
qui, en cas de fraude, résulte pour eux de l'art. 1167 (1).
Tels sont les deux systèmes que nous voulons maintenant
réfuter : les mêmes arguments nous serviront à combattre
l'un et l'autre ; car, si nous parvenons à démontrer qu'il
n'y a dans l'action Paulienne aucun élément réel, nous
aurons par là même renversé l'opinion d'après laquelle
elle serait mixte, c'est-à-dire à la fois réelle et personnelle.

Voici d'abord l'argument principal à l'aide duquel on
croit pouvoir démontrer que l'action Paulienne n'est pas
purement personnelle. Quand elle est intentée contre
un donataire de bonne foi, vous lui donnez, nous dit-on,
pour fondement le principe que nul ne doit s'enrichir aux
dépens d'autrui ; mais, en raisonnant ainsi, vous confon-
dez la lésion de droits et la lésion d'intérêts : s'il est vrai
que *nemo ex damno alterius locupletior fieri debet*, il est
vrai aussi que *neminem lædere videtur is qui jure suo uti-
tur*, et, si le donataire de bonne foi s'enrichit aux dépens
des créanciers au préjudice desquels la donation lui a
été faite, il use de son droit et ne lèse que les intérêts et
non pas les droits des créanciers. Il en est de lui comme
du médecin qui enlève une partie de leur clientèle à ceux
à côté de qui il vient s'établir, du propriétaire qui, faisant
jaillir une source sur son fonds, tarit celle qui donnait de
l'eau à ses voisins ; dans tous ces cas, aucune action per-

---

(1) Proudhon, *Traité de l'usufruit*, t. V, n° 2351 ; Dalloz, *Nouveau
répertoire*, v° *Action*, n° 85 ; Lebaudy, *Thèse pour le doctorat*, 1853, p. 50
et suivantes.

sonnelle en réparation d'un préjudice causé n'est possible.
Si donc l'action Paulienne était purement personnelle,
elle ne serait pas donnée contre le donataire de bonne
foi; et, comme il n'est pas douteux qu'il y soit soumis,
il faut lui donner un autre fondement. Ce fondement ne
peut être qu'un droit de suite.

A cela nous répondrons que cette distinction entre la
lésion de droits et la lésion d'intérêts, sans être fausse
en soi, ne peut s'appliquer ici et qu'il y a véritablement
dans le fait d'un donataire, même de bonne foi, qui reçoit l'objet aliéné *in fraudem creditorum* une lésion de
droits. Si, en effet, il existe dans notre législation ce
principe que nul ne peut s'enrichir injustement aux dépens d'autrui, ce qui signifie, remarquons-le bien, avec le
patrimoine d'autrui, ce n'est pas seulement un intérêt,
mais un droit qui résulte de cette règle, et en y contre-
venant, le donataire, même de bonne foi, lèse un droit.
Il est facile d'en donner un exemple pris dans une matière analogue et de prouver qu'une règle qui a des rapports intimes avec celle-ci, la règle *nemo liberalis nisi
liberatus* constitue un droit pour quiconque est en position
de l'invoquer, et que celui qui voudrait l'éluder commet-
trait une véritable lésion de droits. En effet, le légataire,
même de bonne foi, qui serait payé de son legs au préjudice de créanciers, même non opposants, serait soumis
à un recours de leur part (C. N. art. 809). Eh bien, c'est
par la même raison que le donataire, même de bonne
foi, est atteint par l'action Paulienne, sans que ce soit une
action réelle. Quel rapport y a-t-il entre une situation pareille et celle d'un médecin qui fait tort dans leur clientèle
à ceux qui exerçaient avant lui? S'il ne leur doit aucune
indemnité, c'est qu'une clientèle n'est pas dans le commerce, qu'on n'a pas un droit acquis à soigner tel ou

tel malade et que celui dont une libre et loyale concurrence vient diminuer les revenus ne peut pas dire qu'il
souffre un préjudice dans son patrimoine. Qu'importe
encore que je ne doive aucune indemnité à ceux que,
par des travaux faits sur mon fonds, je prive de l'eau qui
jaillissait sur le leur? Je ne deviens pas plus riche de leur
patrimoine; si une source naît sur mon fonds, c'est que
j'avais le droit de l'y chercher, je ne détourne pas à mon
profit une eau qui leur appartient; et ce qui le prouve,
c'est qu'alors même qu'aucune source n'existerait sur
leurs fonds, je n'en aurais pas moins le droit de la chercher et de la faire jaillir sur le mien. En résumé, il est
bien vrai de dire que dans ces deux exemples, il n'y a
qu'une lésion d'intérêts, et qu'aucune indemnité n'est due;
mais il en est autrement dans notre espèce, et le donataire, même de bonne foi, doit réparation à ceux avec le
gage desquels il s'est enrichi.

Ce qui prouve d'ailleurs que l'action Paulienne n'est
que la sanction d'un droit personnel et non d'un droit
réel, c'est que les auteurs même qui lui attribuent ce
dernier caractère reconnaissent qu'il faut, pour qu'elle
soit donnée, que l'acquéreur de la chose aliénée *in fraudem creditorum* soit un acquéreur à titre gratuit ou un
acquéreur à titre onéreux de mauvaise foi. Cette décision
nous semble inconciliable avec le caractère réel ou mixte
qu'on prétend attribuer à l'action. Qu'en droit romain,
l'action Paulienne, même réelle, ne se donnât pas contre
tout acquéreur sans distinction, on le comprend, car le
préteur ne l'accordait qu'après une *restitutio in integrum*,
c'est-à-dire *cognita causa*, et il trouvait dans ses pouvoirs
sans contrôle le droit de la refuser, si les circonstances
de la cause, telles que la bonne foi des tiers, lui parais-
saient devoir l'écarter (V. *supra* n° 13). Mais aujourd'hui,

si l'on dit que l'action Paulienne est une action réelle, il faut, de toute nécessité, la donner contre les acquéreurs, quels qu'ils soient, et s'écarter ainsi, en l'absence d'un texte formel, sans pouvoir invoquer à l'appui d'une innovation aussi grave aucun argument solide, d'une théorie consacrée par la tradition comme par l'équité la plus stricte. Depuis quand, en effet, admet-on de pareilles distinctions dans la poursuite d'un droit réel ? Le propre du droit de suite n'est-il pas d'atteindre la chose quel qu'en soit le possesseur, et l'art. 2114 du Code Napoléon ne dit-il pas de l'hypothèque et des immeubles qui en sont grevés : « Elle les suit en quel- » ques mains qu'ils passent ? » On dira peut-être dans ce système et pour ne pas donner l'action Paulienne contre l'acquéreur à titre onéreux de bonne foi, qu'il y a eu de sa part une erreur inévitable, parce que, toutes les fois qu'on contracte, on ne peut être tenu d'exiger de son cocontractant la preuve que son actif demeure au-dessus de son passif, qu'il y a là une exception équitable en faveur de l'acquéreur de bonne foi, exception d'autant mieux justifiée que lui aussi *certat de damno vitando* et qu'*in pari causa potior est causa possidentis*. Soit : mais, si l'action était réelle, est-ce que de pareilles distinctions seraient admises ? Est-ce que, du temps où l'hypothèque était occulte, un tiers acquéreur aurait pu invoquer sa bonne foi pour prétendre son immeuble libéré de l'hypothèque ? Et pour nous placer à une époque plus rapprochée de nous, le second acquéreur de bonne foi n'était-il pas, avant la loi du 23 mars 1855, évincé par le premier, quoiqu'il fût dans une erreur invincible, n'ayant eu aucun moyen de s'assurer que son vendeur était encore propriétaire ?

Reconnaissons donc à ces distinctions que nos adver-

saires admettent comme nous le signe d'une action personnelle, née d'un rapport obligatoire qui s'est formé
entre l'acquéreur et les créanciers en fraude de qui l'a-
liénation a été faite, par suite d'un quasi-contrat si c'est
un acquéreur à titre gratuit de bonne foi, par suite
d'un délit si c'est un acquéreur à titre gratuit ou onéreux, mais de mauvaise foi.

63. L'action Paulienne présente un autre caractère.
Elle n'est qu'un remède subsidiaire accordé aux créanciers pour se faire payer de ce qui leur est dû. C'est une
différence entre l'action Paulienne et l'action hypothécaire
qui est une action principale, et il résulte de là quelques
conséquences pratiques. Ainsi 1° l'action Paulienne ne
peut être intentée que quand les affaires du débiteur sont
en mauvais état; l'action hypothécaire peut l'être en
toute circonstance; 2° le défendeur à l'action hypothécaire
n'a pas toujours le bénéfice de discussion, et encore ce
bénéfice n'est-il pas de la nature de l'action hypothécaire (1); dans l'action Paulienne, au contraire, ce bénéfice est le droit commun et la conséquence naturelle
du caractère subsidiaire de l'action (nous y reviendrons
d'ailleurs *infra*, n° 58); 3° si, *intra moras litis*, le débiteur redevient solvable, le demandeur ne triomphera
pas dans l'action Paulienne; il triomphera, au contraire,
dans l'action hypothécaire.

De ce caractère subsidiaire qui appartient à l'action
Paulienne, il résulte aussi :

1° Qu'elle n'est recevable que dans le cas où il s'agit
pour les créanciers de faire revivre un droit dont l'exer-

---

(1) Loyseau, *Traité du déguerpissement*, liv. III, ch. viii; Projet de
réforme hypothécaire de 1851 : Rapports de MM. de Vatimesnil, p. 47;
Bethmont, p. 117; Persil, p. 157. Loi belge du 16 décembre 1851.

cice ne leur est pas interdit. C'est un caractère commun aux art. 1166 et 1167 que nous aurons plus tard (n° 128) à distinguer l'un de l'autre. En effet, les créanciers qui agissent par l'action Paulienne n'ont d'autre but que de faire rentrer dans l'avoir du débiteur un droit dont il s'est frauduleusement privé, pour l'exercer ensuite de son chef; il faut donc, pour que l'action Paulienne puisse procéder, que le droit aliéné par le débiteur ne soit pas un de ceux qui, suivant l'expression de l'art. 1166, sont exclusivement attachés à sa personne. Nous reviendrons plus loin sur cette idée (*infra*, n° 71).

2° Que la révocation n'est jamais prononcée que dans l'intérêt des créanciers demandeurs et jusqu'à concurrence du montant de leurs créances; entre les parties le contrat conserve tous ses effets. C'est la disposition de l'art. 788 et nous y reviendrons en examinant les effets de l'action Paulienne à l'égard du débiteur (*infra*, n° 118).

3° Que le défendeur à l'action Paulienne peut toujours écarter la condamnation qui le menace en désintéressant les créanciers; la fin principale de l'action, nous l'avons démontré (*supra*, n° 62), est une demande en indemnité; or, si le préjudice causé aux créanciers est réparé, la révocation de l'acte est inutile (1).

---

(1) Toullier, t. VI, n°s 341-344; Duranton, t. X, n° 573; Aubry et Rau, t. III, § 313, texte et note 4; Proudhon, t. V, n° 2369; Capmas, n° 83; Hureaux, p. 366.

CHAPITRE DEUXIÈME.

DES CRÉANCIERS QUI PEUVENT INTENTER L'ACTION PAULIENNE, ET DU TITRE AUQUEL ILS L'INTENTENT.

§ I. *Quels créanciers peuvent intenter l'action Paulienne.*

64. L'art. 1167 est conçu à cet égard dans des termes aussi généraux que possible : « Ils peuvent aussi.... » Il en résulte que toute espèce de créanciers peuvent intenter l'action Paulienne : les créanciers hypothécaires comme les créanciers chirographaires. Si donc les créanciers hypothécaires inscrits sur l'immeuble qui a été aliéné en fraude de leurs droits se trouvent avoir perdu leur action hypothécaire parce qu'ils ont laissé la purge s'accomplir en ne surenchérissant pas dans le délai voulu par la loi (C. N. art. 2186), ils auront encore l'action Paulienne, car, pour être créanciers hypothécaires, ils n'en sont pas moins créanciers chirographaires et n'en jouissent pas moins des prérogatives du droit commun. D'ailleurs, aux termes de l'art. 2186 lui-même, l'effet de la purge est seulement de faire tomber les priviléges et hypothèques, et non pas d'éteindre les actions en nullité ou en rescision, et encore moins les actions personnelles fondées sur la fraude qui existent relativement à l'immeuble ; et l'art. 1er de l'ordonnance de 1771, qui en est l'origine, disait en termes encore plus explicites : « Sans » que néanmoins lesdites lettres de ratification puissent » donner aux acquéreurs, relativement à la propriété, » droits réels, fonciers, servitudes et autres, plus de » droits que n'en auront les vendeurs, l'effet desdites » lettres étant restreint à purger les priviléges et hypo-

» thèques seulement (1). » Un point plus délicat, c'est de savoir quel sera, quant aux créanciers chirographaires, l'effet de cette action et si le prix qui en proviendra sera dévolu aux créanciers hypothécaires d'abord, chirographaires ensuite, ou concurremment aux uns et aux autres. Nous pensons que c'est le second de ces deux partis qu'il faut prendre. De deux choses l'une, en effet : ou les notifications à fin de purge déclarent le prix véritable et les créanciers prétendent seulement que la vente a été faite à vil prix pour les frauder; ou les notifications ne déclarent pas le prix réel et les créanciers prétendent qu'il en a été dissimulé une partie. Or, dans le premier cas, une fois la purge effectuée, l'hypothèque est éteinte, les créanciers hypothécaires ne sont donc plus que des créanciers chirographaires et ne peuvent venir qu'au marc le franc avec ceux qui n'ont jamais eu ni privilége ni hypothèque. Dans le second cas, on peut soutenir que les notifications sont nulles et doivent être recommencées avec l'énonciation du prix véritable; mais, si l'on n'admet pas cette prétention ou si elle n'a pas été élevée, les créanciers hypothécaires qui ont laissé s'accomplir la purge sont dans la même situation que dans le premier cas et ils n'ont plus d'hypothèque, partant plus de droit de préférence. Et remarquons qu'à notre avis, si les créanciers hypothécaires venaient dans ce cas réclamer la nullité des notifications, on ne pourrait pas leur répondre qu'ils n'ont pas d'intérêt, « la raison même » indiquant que ceux qui se sont abstenus de surenché-» rir sur le prix déclaré se seraient, à bien plus forte

(1) Proudhon, n° 2360; Aubry et Rau, § 313, texte et note 2; Troplong, *Traité des priviléges et hypothèques*, t. IV, n° 557; Capmas, n° 67; Hureaux, p. 366; Rej., 9 août 1828; 2 août 1830.

6.

» raison, abstenus de surenchérir sur le prix véritable (1), »
car leur intérêt est évident. En attaquant les notifications,
ils empêchent la purge de s'accomplir sur ces bases et
conservent par conséquent le droit de préférence sur la
différence entre le prix déclaré et le prix réel qui devra
être énoncé dans les notifications nouvelles, au lieu qu'en
laissant la purge s'accomplir sans réclamer ils ne peuvent
plus venir qu'au marc le franc avec les créanciers chirographaires sur la différence qu'ils obtiendront par l'action Paulienne. En un mot, il nous semble qu'il faut se
guider dans ces hypothèses délicates par cette idée que
l'action Paulienne, sans être fermée aux créanciers hypothécaires, est dans son essence une protection des créanciers simplement chirographaires et que quiconque l'in-
tente reconnaît par là même qu'il n'a pas d'hypothèque
ou du moins qu'il l'a perdue (2).

Mais deux conditions sont nécessaires en la personne
des créanciers pour qu'ils aient l'action Paulienne :
1° que leurs créances soient échues; 2° qu'elles aient une
date certaine antérieure à l'acte frauduleux.

65. I. Les créanciers dont la créance est échue peuvent
seuls intenter l'action Paulienne. Ce droit n'appartient
donc ni aux créanciers conditionnels, car ils ne peuvent
agir tant que leur droit demeure incertain, et le droit de
faire des actes conservatoires que l'article 1180 du Code
Napoléon leur confère ne peut pas les autoriser à intenter
l'action Paulienne qui est un véritable acte d'exécution,
puisqu'elle suppose la discussion du débiteur et qu'elle
tend à reprendre aux tiers les biens qu'ils ont acquis; ni

(1) Pont, *Traité des priviléges et hypothèques*, t. II, n° 1331.
(2) V. en sens divers, sur tous ces points, Zachariæ, 1re édit., t. II,
n° 204, texte n° 3; Troplong, t. IV, n° 059; Pont, t. II, n°s 1331 et 1333;
Cass., 21 juillet 1857.

aux créanciers à terme, quoique cette solution soit plus délicate : avant le terme, en effet, on ne peut savoir si le débiteur sera insolvable quand il faudra payer, on ne sait donc pas s'il y a préjudice. Nous avons, du reste, d'autant moins d'hésitation à décider ainsi que, si l'insolvabilité du débiteur est dès lors certaine, il a perdu le bénéfice du terme pour avoir, par son fait, diminué les sûretés de ses créanciers (C. N. art. 1188) (1).

66. II. Il faut aussi, pour intenter l'action Paulienne, avoir un titre antérieur à l'acte qu'on attaque. C'est la doctrine romaine (2), elle était suivie par nos anciens auteurs et conforme à la nature des choses. On ne peut pas porter atteinte aux droits de créanciers qu'on n'a pas encore ; un créancier ne peut se plaindre que des actes qui diminuent le gage sur lequel il avait le droit de compter, et il ne pouvait compter que sur le gage du débiteur tel qu'il se comportait lorsqu'il a traité avec lui : s'il lui paraissait insuffisant, il n'avait qu'à ne pas contracter. Cette doctrine résulte d'ailleurs de l'art. 1167, quelque généraux qu'en soient les termes, car, lorsqu'il dit sans distinguer que les créanciers peuvent attaquer les actes faits en fraude de leurs droits, il est par la force même des choses restreint aux créanciers antérieurs, puisque, nous l'avons dit, eux seuls peuvent dire qu'un acte a été fait en fraude d'eux. D'ailleurs, l'art. 1053, qui n'est que l'application de l'art. 1167, est formel et, parlant de la restitution anticipée d'une substitution, il dit que « cet » abandon anticipé ne pourra préjudicier aux créan- » ciers du grevé antérieurs à l'abandon ». On a essayé, il est vrai, de contester la portée de cet argument : on a

---

(1) Capmas, nos 70 et 71 ; V. ccp. Proudhon, no 2415.
(2) D. loi 10, § 1, *Quæ in fraud. cred.*

dit qu'en ne parlant que des créanciers antérieurs, l'art.
1053 voulait leur faire une faveur spéciale, leur permettre d'attaquer les actes faits par le grevé par cela
seul qu'ils sont préjudiciables et sans que la preuve de
la fraude soit nécessaire, tandis que les créanciers postérieurs seraient soumis au droit commun de l'art. 1167,
à la nécessité de prouver la fraude et le préjudice. D'ailleurs, a-t-on ajouté, l'art. 1053 n'a pas à s'occuper de
ces derniers : on comprendrait très-difficilement qu'une
fraude fût faite à leur égard, attendu que la restitution
anticipée d'une substitution est un acte apparent et
que les créanciers qui traitent avec le grevé après
cette restitution ne doivent pas ignorer qu'il ne peut
plus leur offrir pour gage les biens qu'il a déjà restitués (1). Mais nous n'admettons pas cette interprétation
de l'art. 1053 et nous pensons (sauf à le démontrer plus
tard, *infra*, n° 112) que, s'il ne parle que du préjudice,
il faut l'interpréter par l'art. 1167 qui, d'une manière
générale, exige pour l'exercice de l'action Paulienne la
condition de fraude. Nous pensons aussi que, de quelque
manière qu'on interprète l'art. 1053, il n'est pas, au
point de vue qui nous occupe, une exception à l'art. 1167,
lequel nous semble par la force même des choses applicable aux créanciers antérieurs seuls. Telle est la doctrine
de la majorité des auteurs (2).

67. Mais ce principe doit souffrir des exceptions et il
y a des cas où l'action Paulienne sera donnée à des créanciers dont le titre serait postérieur à l'acte frauduleux. Il

---

(1) Mimerel, *Revue critique*, t. II, 1852, p. 412; Coin-Delisle, *ib.*,
t. III, 1853, p. 11 et 857.
(2) Delvincourt, t. II, deuxième partie, p. 526; Toullier, t. VI, n° 351;
Duranton, t. X, p. 573; Marcadé, t. IV, n° 502; Aubry et Rau, § 313,
texte et note 10; Capmas, n° 68.

en sera ainsi : 1°· dans le cas où le débiteur coupable
d'un acte frauduleux aura postérieurement contracté de
nouvelles dettes pour se libérer envers ses anciens créanciers, et où la subrogation aura été valablement effectuée
aux termes de l'art. 1250-2° du code Napoléon ; le droit
romain admettait la même décision (1); 2° dans le cas où
la fraude sera dirigée contre des créanciers à venir,
comme par un individu qui, n'ayant pas de dettes mais
se proposant d'emprunter, s'efforcerait par des actes
frauduleux de soustraire à ses futurs créanciers une partie de leur gage. Toutes les fois qu'il y a machination
frauduleuse, contre quelque personne qu'elle soit dirigée,
il est conforme aux vrais principes de la réprimer. Mais,
en admettant ce tempérament à la doctrine générale qui
résulte des art. 1053 et 1167, on ne met pas dans une
condition absolument identique les créanciers antérieurs
et les créanciers postérieurs à l'acte attaqué : les premiers ont l'action Paulienne, par cela seul que d'une
part ils sont antérieurs à l'acte frauduleux, et que
d'autre part il y a eu fraude et préjudice à eux causé;
les créanciers postérieurs, au contraire, ne peuvent l'intenter qu'en prouvant que c'est contre eux précisément
que la fraude a été dirigée : il n'est pas d'ailleurs facile
de trouver une hypothèse dans laquelle des créanciers
postérieurs pourront se plaindre d'une fraude concertée
contre eux, sans qu'on ait à leur reprocher d'avoir impru-
demment traité. Cela pourrait, toutefois, se présenter
dans l'hypothèse suivante : un individu se proposant
d'emprunter se dépouille auparavant, pour enlever à ses
futurs créanciers une partie de leur gage, par une
donation avec réserve d'usufruit; par la donation il se

_____

(1) D. L. 15 et 16, *Quæ in fraud. cred.*

dépouille, par la réserve d'usufruit il fait illusion aux tiers et se présente à eux comme étant encore propriétaire. Si, de plus, on suppose que cette donation n'a pas été transcrite, les créanciers chirographaires, à qui beaucoup d'auteurs refusent le droit d'opposer le défaut de transcription, nous paraissent pouvoir, dans cette situation éminemment favorable, intenter l'action Paulienne. Mais nous répétons que c'est là une situation exceptionnelle et qu'en principe il faut maintenir la règle qui restreint l'application de l'action Paulienne aux créanciers antérieurs à l'acte frauduleux (1).

Dans un arrêt du 2 février 1852, la cour de cassation a accordé l'action Paulienne aux créanciers postérieurs, dans un cas où elle aurait pu atteindre par une autre action et frapper de nullité à l'égard des créanciers, même postérieurs, l'acte sur lequel elle avait à juger. Nous voulons parler de l'action en simulation ou en déclaration de simulation. Nous pensons même qu'il eût été plus juridique de sa part de motiver ainsi sa décision, et que dans l'espèce il y avait plutôt un acte simulé qu'un acte frauduleux. Qu'on en juge. Un sieur Belleisle avait fait, en 1840, un bail de 20 ans dont le prix avait été ostensiblement fixé à 3,000 francs; en 1847 il était tombé en faillite, et les syndics de sa faillite avaient prouvé que le prix et la durée du bail avaient été mensongèrement exagérés dans le but de donner une extension plus considérable au privilége du locateur. Or, il nous semble que, dans cette hypothèse, c'est de simulation qu'il s'agissait plutôt que de fraude et que la prétention des syndics tendait à faire déclarer l'acte, non pas frauduleux, mais inexistant. Il faut en effet reconnaître, à côté de l'action

---

(1) Marcadé, Mimerel, Coin-Delisle, *locc. citt.*

Paulienne, l'existence d'une action en simulation par laquelle les créanciers prétendent, non pas que tel acte a été fait en fraude de leurs droits et dans l'intention de les frustrer, mais qu'en réalité il n'existe pas et a été feint pour leur faire illusion sur leurs droits. Il est vrai qu'en pratique il y aura souvent difficulté à saisir cette nuance délicate, aussi rencontre-t-on sur ces questions des arrêts en apparence inconciliables (4).

Voici, à ce qu'il nous semble, ce qu'on pourrait dire pour distinguer la fraude et la simulation : il y a fraude quand le débiteur fait, pour nuire à ses créanciers, un acte par lequel il entend cependant se lier lui-même; il y a simulation quand, dans le même but, il fait un acte qu'il n'a pas même l'intention de respecter et d'exécuter, et cette intention apparaît le plus souvent par les faits de cause, tels qu'une contre-lettre, une exagération évidente des conditions de l'acte qui sont à la charge du débiteur et qui fait présumer qu'il ne les aurait pas souscrites s'il eût eu le dessein de s'y soumettre. Tout cela d'ailleurs est question de fait. Quoi qu'il en soit, la distinction n'en existe pas moins en théorie et a un grand intérêt pratique, car, en principe, l'action Paulienne n'est ouverte qu'aux créanciers antérieurs à l'acte frauduleux, au lieu que l'action en simulation, qui n'est que le droit de faire apparaître la vérité à la place du mensonge, appartient à tout intéressé, quelle que soit la date de son titre. De plus, en matière d'actes à titre onéreux, elle n'exige pas dans la personne de l'acquéreur la connaissance de l'insolvabilité du débiteur, ni même chez le débiteur l'intention de frauder ses créanciers. Il suffit,

---

(1) Cass., 20 mars 1832; Bordeaux, 20 juillet 1848; Toulouse, 1er décembre 1838; Nîmes, 18 décembre 1840; Paris, 7 mars 1850.

pour être recevable dans l'action en simulation, d'y avoir intérêt, et elle n'est que l'application du principe *plus valet quod actum est quam quod simulate concipitur* (1).

68. Nous venons de dire que, d'une manière générale, l'antériorité du titre des créanciers par rapport à l'acte frauduleux peut être regardée comme une condition essentielle pour que l'action Paulienne puisse être exercée. Il faut donc, pour être recevable dans l'action Paulienne, rapporter un titre qui ait acquis date certaine avant l'acte frauduleux aux termes de l'article 1328 du code Napoléon, soit par l'enregistrement, soit par sa constatation dans un acte authentique, soit par le décès de l'un des signataires. Cette doctrine a été contestée (2) et elle est assez rigoureuse pour qu'on puisse s'expliquer la répugnance des tribunaux à l'admettre en pratique (3), mais elle nous paraît incontestable en droit et il nous paraît impossible d'échapper à l'application de l'article 1328 : les actes sous seing privé n'ont date certaine à l'égard des tiers que par l'un des faits que nous venons d'énumérer; or le défendeur à l'action Paulienne est un tiers par rapport au demandeur; donc le demandeur ne peut lui opposer qu'un titre ayant date certaine de l'une des manières précédemment indiquées (4).

§ II. *A quel titre agissent les créanciers par l'action Paulienne.*

69. Quand les créanciers exercent les droits et actions de leur débiteur, ils agissent en son nom (art. 1166) et,

---

(1) Aubry et Rau, § 313, texte et note 12; Varambon, *Revue pratique*, t. III, 1857, p. 347.

(2) Aubry et Rau, § 313, texte et note 11.

(3) Rej., 14 décembre 1829; Bordeaux, 10 décembre 1836.

(4) Hureaux, p. 365.

par conséquent, les exceptions qui auraient pu lui être opposées peuvent être invoquées contre eux; quand, au contraire, ils agissent en révocation des actes faits en fraude de leurs droits, ils agissent, dit l'article 1167, en leur nom personnel et ne sont pas, par conséquent, passibles des exceptions au moyen desquelles on aurait pu repousser leur auteur. Coupable de fraude, il n'aurait pas pu argumenter de sa mauvaise foi pour attaquer l'acte qu'il avait librement fait; victimes de cette fraude, ils trouvent dans ce seul fait un droit que leur débiteur n'avait pas (1). Il y a d'ailleurs un cas dans lequel cette différence disparaît : c'est quand le débiteur n'étant pas seulement coupable de négligence, mais de fraude, aura renoncé, dans l'intention de nuire à ses créanciers, à un droit qu'il avait : ils feront d'abord révoquer sa renonciation, puis ils exerceront le droit ainsi rentré dans son patrimoine sans qu'on puisse leur opposer une renonciation contre laquelle il ne pourrait cependant pas revenir (2).

CHAPITRE TROISIÈME.

DES ACTES AUXQUELS S'APPLIQUE L'ACTION PAULIENNE.

70. Sur ce point comme sur le précédent, l'art. 1167 s'exprime dans les termes les plus généraux: « Ils peu- » vent aussi en leur nom personnel attaquer les actes faits » par leur débiteur en fraude de leurs droits. » Le principe est donc que tout acte fait par le débiteur en fraude de ses créanciers peut être révoqué par l'action Paulienne.

La distinction que nous avons trouvée dans le droit romain entre les actes par lesquels le débiteur aliène et

(1) Massé, *Droit commercial*, t. IV, n° 1738.
(2) Aubry et Rau, § 313, texte et note 8.

ceux par lesquels il néglige d'acquérir est donc abrogée
par l'art. 1467 : on l'a nié et on a prétendu que la règle
romaine existait encore et que, si, dans quelques cas où
le débiteur paraît n'avoir fait qu'omettre d'acquérir, le
code accordait expressément l'action Paulienne, cela tenait à ce que l'acte a changé de nature et, de simple omis-
sion d'acquérir qu'il était autrefois, est devenu une aliénation véritable : ainsi la renonciation à succession. Nous
avons démontré plus haut (n° 39) pourquoi cette opinion
nous paraissait erronée et pourquoi nous voyions dans
la généralité des termes de l'art. 1467 et dans les applications du principe qui y est écrit l'abrogation de
la distinction du droit romain. Cela ne veut pas dire que,
toutes les fois qu'un débiteur manquera d'acquérir, l'action Paulienne deviendra possible, que, s'il refuse par
exemple de faire un bon marché qu'on lui propose, il
agisse en fraude de ses créanciers; cela signifie seulement
qu'en droit romain celui-là seul agissait en fraude de
ses créanciers qui se dépouillait d'un droit définitivement
et irrévocablement entré dans son patrimoine, au lieu
qu'aujourd'hui il est censé aliéner par cela seul qu'il se
prive d'un droit qui avait commencé à entrer dans son
patrimoine, d'un legs qui lui avait été fait, d'une succession à laquelle il était appelé.

71. Mais, pour que l'action Paulienne soit possible, il
faut, nous l'avons dit (*supra,* n° 63), que le droit dont s'est
privé le débiteur et qu'on veut par cette action faire rentrer dans son patrimoine soit un de ceux qui, n'étant pas
exclusivement attachés à la personne, peuvent être exer-
cés par un créancier au nom de son débiteur. A ce propos s'est élevée en pratique la question de savoir si la
renonciation que ferait un père à l'usufruit légal que
l'art. 384 du code Napoléon lui confère sur les biens

de ses enfants pouvait être déclarée révocable aux
termes de l'art. 1167 comme faite en fraude de ses créanciers. La question peut se présenter dans deux hypothèses : celle d'une renonciation directe et principale,
celle d'une renonciation résultant indirectement et taci-
tement d'une émancipation. L'hypothèse la moins douteuse est, à coup sûr, la seconde et il nous semble difficile de ne pas décider que l'émancipation d'un enfant,
encore bien qu'elle puisse diminuer les revenus du père,
ne peut être révoquée sur la demande des créanciers. C'est
en vain que Merlin, pour prétendre que l'action Paulienne est recevable, fait intervenir ici les lois romaines (1) ; les lois romaines n'ont pas de force obligatoire
chez nous et tout autre argument doit s'effacer devant
cette idée que le droit pour un père d'émanciper son
enfant est, s'il en fut, un droit exclusivement attaché à
la personne et dont les créanciers ne peuvent pas plus
entraver l'exercice qu'ils ne pourraient l'exercer eux-
mêmes. Telle est l'opinion générale (2). Mais nous admettons l'action Paulienne dans le second cas, c'est-à-
dire quand un père a, dans l'intention de nuire à ses
créanciers, renoncé directement et expressément à son
droit d'usufruit légal : cet usufruit n'est pas par lui-même
un droit exclusivement attaché à la personne et la renonciation qui y est faite doit tomber sous l'application
de la règle générale de l'art. 1167 et de la règle spéciale
de l'art. 622 sur les renonciations à un droit d'usufruit
faites par l'usufruitier en fraude de ses créanciers (3).

---

(1) Merlin, *Question de droit*, v° *Usufruit paternel*, § X.
(2) Arrêt du Parlement de Paris, 30 mai 1636 ; Toullier, t. VI, n° 368 ;
Duranton, t. X, n° 394 ; Aubry et Rau, t. III, § 313, texte et note 4,
t. IV, § 596, note 38 ; Proudhon, t. V, n° 2399.
(3) Duranton, t. X, n° 394 ; Proudhon, t. V, n° 2398 ; Marcadé, t. II,

Par la même raison tirée du caractère exclusivement personnel du droit que le débiteur a aliéné en fraude de ses créanciers, ceux-ci ne peuvent faire révoquer l'acte par lequel il a expressément renoncé à une action en révocation de donation pour cause d'ingratitude, puisque, n'y eût-il pas renoncé, ils ne pourraient l'exercer en son nom (1), ni la renonciation à un droit d'usage ou d'habitation, car ce droit est attaché à la personne d'une manière tellement exclusive qu'il a pour limites les besoins mêmes de celui à qui il appartient (C. N. art. 630), ne peut être saisi par ses créanciers, et que, par conséquent, on ne peut pas dire qu'en y renonçant il ait diminué leur gage.

72. Mais, à cette condition près, la disposition de l'art. 1167 est générale et s'applique par conséquent à tous les actes par lesquels un débiteur obéré peut se rendre frauduleusement insolvable ou aggraver son insolvabilité préexistante:

73. I. Et d'abord aux aliénations soit à titre onéreux soit à titre gratuit. On pourra donc faire révoquer comme faite en fraude des créanciers une vente à vil prix que le débiteur aurait faite d'un de ses immeubles pour l'enlever au gage de ses créanciers, et même la vente faite moyennant un juste prix, si elle avait eu lieu dans le but de soustraire l'immeuble vendu aux poursuites des ayants droit et si le prix de vente n'avait pas tourné à leur profit, car on a fait remarquer avec raison que « si le » débiteur, sans détériorer ou sans négliger d'augmenter » son patrimoine, avait par des actes quelconques porté

---

art. 386 et 387, n° 5; Aubry et Rau, t. III, § 313, note 4; t. IV, § 550 *bis*, note 38; Demolombe, *Cours de droit civil*, t. VI, n° 594.

(1) Aubry et Rau, § 313, note 4.

» préjudice au droit de gage dont ses créanciers jouissent
» sur ce patrimoine, le préjudice qui en résulterait pour
» eux les autoriserait également à demander, le cas
» échéant, la révocation de ces actes (1). » On pourrait
également et à plus forte raison faire révoquer une donation, sans qu'on pût opposer aux créanciers comme fin
de non-recevoir la transcription de cette donation : la
transcription n'a pas pour effet de purger l'immeuble
donné du droit que peuvent avoir des intéressés à contester la validité intrinsèque de la donation, elle n'est pas
une formalité intrinsèque et à ce titre ne peut être une
fin de non-recevoir contre ceux qui prétendent qu'à leur
égard la donation est non avenue. Toutefois la transcription n'est pas sans importance, car elle transfère à l'égard
des tiers la propriété de l'objet donné et, si l'on admet
d'ailleurs que les créanciers chirographaires du donateur
peuvent opposer le défaut de transcription de la donation, ceux dont les titres sont postérieurs à la donation
et antérieurs à la transcription peuvent prétendre que le
donataire n'est pas à leur égard propriétaire, mais seulement créancier.

Parmi les actes à titre gratuit, il y en a deux qui méritent une attention particulière : la constitution de dot
sur laquelle nous aurons à revenir (*infra*, n° 115) pour
nous demander si, au point de vue de l'article 1167, elle
doit être considérée comme un acte à titre gratuit ou
comme un acte à titre onéreux, et la donation entre
époux. Sans aucun doute la donation entre époux est
soumise à l'action Paulienne (2); mais quelques auteurs
ont enseigné (3) que, lorsqu'elle est faite durant le ma-

---

(1) Aubry et Rau, § 313, note 13.
(2) Aubry et Rau, § 313, texte et note 4; Capmas, n° 51.
(3) Duranton, t. X, n° 580.

riage, les créanciers ont un moyen plus sûr et plus direct
de l'atteindre : à savoir le droit de révoquer qu'ils exer-
ceraient du chef de l'époux donateur, leur débiteur, en
vertu de l'article 1096 du code Napoléon, et sans avoir
à prouver la fraude. Cette doctrine ne nous semble pas
devoir être admise : la donation entre époux n'est ni un
legs ni même une donation à cause de mort; par son caractère de révocabilité et par quelques autres règles
spéciales elle se distingue de la donation ordinaire, mais
elle n'en est pas moins une donation entre-vifs et il en
résulte entre autres cette conséquence importante que, dès
qu'elle est faite (du moins quand elle porte sur des biens
présents), les biens donnés sortent du patrimoine du donateur et cessent d'être le gage de ses créanciers; ceux-
ci ne peuvent donc qu'en cas de fraude p   endre à quelque droit sur ces biens et, quant au droit   révocation,
il est évident qu'il est exclusivement attaché   la personne
du donateur et que lui seul peut en apʃ   ier les motifs (1). Nous aurons aussi à nous demand   si la donation
entre époux est, au point de vue de l'   tion Paulienne,
un acte à titre gratuit ou onéreux (*infra*, n° 116).

74. II. L'action Paulienne peut aussi atteindre les
obligations nouvelles qu'un débiteur aurait contractées
en fraude de ses créanciers : « *Sive se obligavit fraudandorum creditorum causa palam est edictum locum habere* (2) ». L'application de cette règle pourra cependant
présenter des difficultés; et, par exemple, il ne suffit pas
que j'aie prêté à un insolvable, connaissant sa situation,
pour que je sois exposé à l'action Paulienne et, par conséquent, à la perte de mon action en restitution; mais, s'il y

---

(1) Aubry et Rau, t. VI, § 744, texte n° 4 c et note 31.
(2) D. L. 3, pr., *Quæ in fraud. cred.*

avait eu entre l'emprunteur et moi un concert frauduleux ; si, par exemple, j'avais voulu lui prêter de l'argent
pour qu'il le détournât au profit de ses créanciers, de
telle sorte que ceux-ci fussent obligés de subir au marc
le franc le concours de ma créance, il n'y aurait pas de
doute que je ne fusse soumis à l'action Paulienne (1). Il
importe peu, d'ailleurs, que l'obligation soit née d'un contrat ou d'un quasi-contrat (2), et ainsi l'acceptation d'une
succession ou d'une communauté entre époux pourrait
être déclarée frauduleuse en vertu de l'article 1167.

75. D'abord, quant à l'acceptation frauduleuse d'une
succession obérée, le droit romain donnait aux créanciers
un recours extraordinaire, *persecutio extraordinaria* (3),
et Pothier admettait l'application de l'action Paulienne :
« Si un débiteur insolvable acceptait une succession no-
» toirement mauvaise, de manière qu'il parût qu'il l'a
» fait en fraude de ses créanciers, je pense que ce serait
» le cas auquel les créanciers pourraient demander la sé-
» paration de ses propres biens d'avec ceux de la succes-
» sion, en faisant rescinder cette acceptation et l'obliga-
» tion prise par leur débiteur en fraude de leurs créances
» envers les créanciers de la succession ; car tout ce qu'un
» débiteur fait en fraude de ses créanciers peut être res-
» cindé, même les obligations qu'il a contractées (4). »
Cette doctrine doit encore être admise aujourd'hui. On
l'a cependant combattue à l'aide de l'article 881 du code
Napoléon qui dispose que « les créanciers de l'héritier
» ne sont point admis à demander la séparation des patri-

---

(1) Aubry et Rau, § 313, texte et note 28.
(2) Capmas, n° 52.
(3) D. L. f. § 5, *De sep.*
(4) *Traité des successions*, ch. vi, art. 4, *in fine.*

» moines contre les créanciers de la succession »; or, dit-on, s'ils demandent la révocation de l'acceptation faite par le débiteur, cela reviendra au même que s'ils demandaient la séparation des patrimoines, et l'article 881 leur refuse ce droit. Mais il faut répondre à cet argument que si le résultat est le même, le fondement du droit ne l'est pas, qu'au surplus le droit d'attaquer l'acceptation frauduleuse d'une succession obérée que nous accordons aux créanciers de l'héritier diffère par un point capital du droit de demander la séparation des patrimoines que l'article 881 leur interdit : pour demander la séparation des patrimoines, il suffit de prouver qu'on y a intérêt; pour demander, au contraire, l'application de l'article 1167, il faut prouver la fraude et il nous semble certain que l'article 881 n'a voulu écarter que la prétention des créanciers fondée sur leur seul intérêt, et laisse entière la question de fraude. Peut-être pourrait-on aussi objecter à notre opinion les articles 1167 et 788 combinés : le premier annonce que les créanciers doivent, quant à leurs droits énoncés au titre *des successions,* se conformer aux règles qui y sont prescrites; or, au titre *des successions,* on ne trouve que l'article 788 qui permet aux créanciers de faire révoquer la renonciation frauduleuse faite par le débiteur; et on pourrait conclure de ce rapprochement que le législateur n'a pas voulu leur donner d'autre droit. Mais cette objection ne serait pas mieux fondée que la précédente : la disposition de l'article 1167 que nous venons de citer ne renvoie pas à l'article 788, mais à l'article 882 dont nous nous occuperons en détail (*infra,* n°s 94-96); quant à l'article 788, s'il statue spécialement sur la renonciation frauduleuse du débiteur, c'est qu'il a voulu par là abroger la doctrine du droit romain sur les refus d'acquérir; pour l'acceptation, au contraire, un texte spécial n'était pas nécessaire et il suffisait du principe posé par l'article 1167.

Nous appliquons donc purement et simplement à l'acceptation d'une succession obérée faite par un débiteur en vue de nuire à ses créanciers l'article 1167, et nous n'admettons pas le tempérament proposé par M. Capmas : « Ajoutons cependant qu'il ne suffirait pas, pour que les » créanciers fussent fondés à agir, que l'héritier débiteur » connût sa position obérée, et connût aussi le mauvais » état des affaires du défunt... On ne peut pas dire que » l'acceptation de l'héritier n'est pas exempte de dol, » *non carere dolo*, par cela seul qu'elle doit préjudicier à » ses créanciers. Les motifs les plus honorables peuvent » le déterminer à subir le fardeau des charges laissées » par le défunt (1) ». Le débiteur, en effet, ne se montre généreux qu'aux dépens de ses créanciers, et cela diminue singulièrement le mérite de ses intentions : elles seront d'ailleurs respectées en ce qui le concerne, la révocation de l'acte frauduleux (nous l'expliquerons plus tard, n° 118), ne produit qu'un effet relatif et cet effet a pour mesure l'intérêt des créanciers qui la réclament. Le débiteur restera donc héritier acceptant, la succession que, par respect pour le défunt, il n'avait pas voulu répudier, ne restera pas vacante ; si de nouvelles ressources lui surviennent, il pourra, une fois ses propres dettes acquittées, payer les dettes de cette succession : seulement ce ne sera pas avec l'argent de ses créanciers (2).

76. La même doctrine doit être appliquée à l'acceptation frauduleuse d'une communauté entre époux. Le plus souvent, il est vrai, les créanciers n'auront pas d'in-

---

(1) Capmas, n° 63.
(2) Aubry et Rau, t. V, § 611, texte et note 55.

térêt à se prévaloir dans cette hypothèse de l'article 1167.
Si, en effet, la femme a fait inventaire, elle n'est tenue
que dans les limites de son émolument (C. N. art. 1483)
et, en acceptant ainsi, elle n'a fait à ses créanciers aucun
tort, et, si elle n'a pas fait inventaire, il leur sera tellement difficile d'établir contre les créanciers de la communauté quel a été l'émolument retiré par la femme de
cette communauté qu'ils renonceront sans doute au droit
de se prévaloir de l'art. 1167. Il pourrait se faire cependant que la femme eût stipulé par contrat de mariage qu'en renonçant à la communauté elle reprendrait
son apport franc et quitte de toutes dettes (C. N. art.
1514), et qu'alors elle acceptât frauduleusement la
communauté pour priver ses créanciers du bénéfice
de cette clause : on ne voit pas alors ce qui pourrait
empêcher les créanciers de réclamer, comme Pothier
leur en reconnaît le droit (1), l'application de l'action
Paulienne (2).

77. III. Le débiteur peut aussi porter atteinte au gage
de ses créanciers en payant l'un d'eux ou en lui accor-
dant quelque sûreté spéciale aux dépens des autres. Si,
d'abord, il s'agissait du payement anticipé d'une dette non
échue, nous accorderions l'action Paulienne, à la condition que la fraude fût prouvée; car la seule anticipation
ne peut pas la faire présumer. L'action Paulienne ten-
drait, dans ce cas, à la restitution de l'*interusurium;* et,
comme le créancier ainsi payé d'une dette non échue
est, en réalité, donataire de cet *interusurium*, il ne serait pas nécessaire qu'il eût été complice de la fraude de

---

(1) *Traité de la communauté*, n° 559.
(2) Aubry et Rau, t. IV, § 517, texte n° 4, et notes 22 et 23; Capmas, n° 64.

son débiteur (1). Et encore s'il s'agissait d'une dette dont l'échéance ne dût arriver qu'après la déconfiture du débiteur, et qui, n'étant pas privilégiée, ne dût être soldée que par un dividende, il nous semble qu'on devrait accorder aux créanciers la répétition de la différence entre la somme payée et le marc le franc auquel les divers créanciers ont un droit égal (V. *supra*, n° 34). Mais, si la dette payée est une dette échue, nous ne voyons pas quel moyen on aurait de faire révoquer le payement, car il faudrait prouver pour cela l'intention frauduleuse du créancier payé, et quelle fraude peut-il y avoir de la part de celui qui, il est vrai, a reçu son payement, sachant que par là son débiteur allait devenir insolvable, mais qui a reçu ce qui lui était dû et ne mérite pas de reproches pour avoir été plus diligent que ses cocréanciers (2)? On peut argumenter, en ce sens et par analogie, des articles 808 et 809 du code Napoléon qui, en matière de bénéfice d'inventaire (le bénéfice d'inventaire qui suppose ordinairement une succession insolvable a plus d'un rapport avec notre matière, V. notamment C. N. art. 2146), décident que l'héritier doit payer les créanciers au fur et à mesure qu'ils se présentent, quand ils n'ont pas pris de précautions particulières en formant opposition auxdits payements. Nous avons essayé de prouver qu'en droit romain on admettait la même doctrine (V. *supra*, n°s 28-33); et si, en matière commerciale, le législateur suit d'autres principes, nous verrons que cela tient à des circonstances particulières (*infra*, n° 152). Enfin, si le débiteur a donné à l'un des créanciers, en fraude des autres, un gage ou une hypo-

---

(1) Toullier, t. VI, n° 305; Demangeat sur Bravard, *Traité des faillites*, p. 211, note 1.

(2) Aubry et Rau, § 313; Demangeat sur Bravard, p. 259, note 1.

thèque, cet acte peut être révoqué aux conditions ordinaires; car, n'opérant pas l'exécution de l'obligation, c'est une affaire nouvelle entre le créancier et le débiteur. Cette différence entre la constitution d'hypothèque qui a quelque chose d'insolite et le payement d'une dette échue qui n'est que le mode naturel d'exécution de l'obligation préexistante, était reconnue par le droit romain (1); et elle existe aussi en droit commercial : le payement fait en espèces ou en effets de commerce d'une dette échue n'est annulé, quand il a lieu depuis la cessation des payements du débiteur, que si le créancier payé a eu connaissance de l'état des affaires du débiteur; la constitution d'une hypothèque ou d'un droit de nantissement à l'effet de garantir la même dette est frappée d'une nullité absolue (V. *infra,* nᵒˢ 149-152).

78. IV. Les renonciations faites par un débiteur en fraude des droits de ses créanciers peuvent aussi être révoquées au moyen de l'action Paulienne : cela résulte du principe que nous avons posé *supra*, nᵒ 68, à savoir qu'à la différence du droit romain, le droit français ne distingue pas, en ce qui concerne l'action Paulienne, les aliénations et les actes par lesquels un débiteur omet seulement de s'enrichir. Le code lui-même fait de ce principe, dans les articles 622, 788, 1053, 1464, 2225, des applications que nous devons maintenant étudier. Mais il faut d'abord remarquer que nous laissons de côté la question de savoir si, dans ces applications, le code exige qu'il y ait eu fraude du débiteur pour que la révocation soit possible ou s'il faut seulement qu'il y ait eu préjudice causé aux créanciers; nous traiterons cette question aux nᵒˢ 105-112.

---

(1) D. L. 18, *Quæ in fraud. cred.*

79. A. *Article* 622. « Les créanciers de l'usufruitier
» peuvent faire annuler la renonciation qu'il aurait faite
» à leur préjudice. »—Cette disposition ne présente guère
d'autre difficulté que celle que nous venons de rappeler ;
nous n'y insisterons donc pas. Nous remarquerons seulement que, d'après M. Demolombe, l'action Paulienne
serait recevable de la part des créanciers dans le cas de
l'article 622, « sans même qu'ils fussent tenus de prou-
» ver spécialement la fraude, si l'usufruitier, au moment
» où il a renoncé, savait qu'il était déjà insolvable, ou
» si même il ne s'était rendu insolvable que par le fait
» de sa renonciation ; il y aurait alors une sorte de *dolus*
» *in re ipsa* (1) ». Il nous semble que dans le système
admis d'ailleurs par cet auteur, suivant lequel la preuve
de la fraude est toujours une condition nécessaire de
la recevabilité de l'action Paulienne, il n'y a là aucune
exception au principe, et que la connaissance par le
débiteur de l'état d'insolvabilité où il se trouve suffit
toujours pour qu'il y ait fraude dans le sens de l'article 1167 (2).

80. B. *Article* 788. « Les créanciers de celui qui renonce
» au préjudice de leurs droits peuvent se faire autoriser
» en justice à accepter la succession en son lieu et place.
» Dans ce cas, la renonciation n'est annulée qu'en
» faveur des créanciers et jusqu'à concurrence seule-
» ment du montant de leurs créances ; elle ne l'est pas
» en faveur de l'héritier qui a renoncé. »—Cette règle,
qui n'existait pas en droit romain (3), n'avait pas été
admise sans difficulté dans notre ancien droit : Dumou-

(1) T. X, nº 735.
(2) V. D. L. 17, § 1, *Quæ in fraud. cred.*
(3) D. L. 6, § 2, *Quæ in fraud. cred.*

lin (1) et Chopin (2) la repoussaient, mais elle avait prévalu et certaines distinctions proposées par quelques auteurs entre les successions aux propres et les successions aux acquêts, entre les successions directes et les successions collatérales dont les unes, disait-on, étaient *moins dues* que les autres, avaient été rejetées (3). La règle a donc passé dans l'article 788 qui la consacre dans les termes les plus généraux.

Deux situations peuvent se présenter : ou bien le débiteur ayant renoncé, personne ne s'est emparé de la succession; ou bien la succession a été acceptée par ses cohéritiers ou par les héritiers du degré subséquent. Dans le premier cas, les créanciers, sans avoir besoin de recourir à l'action Paulienne, usent du droit que pourrait exercer le débiteur, celui de revenir sur sa renonciation et d'accepter la succession aux termes de l'article 790 du code Napoléon. Dans le second cas, la succession a passé dans d'autres mains, et les créanciers intentent l'action Paulienne contre les héritiers acceptants pour exercer les droits de l'héritier renonçant, leur débiteur, jusqu'à concurrence de leurs créances.

L'application de l'action Paulienne n'a jamais qu'un effet relatif et l'acte frauduleux, l'article 788 le dit expressément dans l'espèce, n'est jamais annulé qu'en faveur des créanciers, et jusqu'à concurrence seulement de leurs créances. Ils ne deviennent donc pas héritiers et, quoi qu'en ait dit Chabot (4) dont aucun autre auteur n'a d'ailleurs accepté l'opinion, pour n'être pas tenus des

---

(1) *Sur la coutume de Paris*, § 1, gl. III, n° 15.

(2) *Sur la coutume de Paris*, liv. II, tit. V, n° 10.

(3) Basnage sur l'art. 278 *de la coutume de Normandie;* Furgole, *Traité des testaments*, ch. x, sect. ii, n° 49.

(4) Sur l'art. 788, n° 7.

dettes *ultra vires,* ils n'ont pas besoin de recourir au
bénéfice d'inventaire (1) : ce qui est vrai, c'est seulement qu'ils obtiendront la part de succession qui, toutes
charges déduites, eût appartenu à leur auteur; ils sup-
porteront donc une déduction proportionnelle à raison
des dettes et des legs. De ce que la renonciation n'est
annulée qu'en faveur des créanciers et jusqu'à concurrence seulement de leurs créances, il résulte les deux
conséquences suivantes : 1° Si une fois les créanciers
désintéressés il y a un reliquat, il ne sera pas attribué à
l'héritier renonçant, mais à ses cohéritiers ou aux héritiers du degré subséquent. 2° Si le renonçant revient à
meilleure fortune, ceux-ci pourront lui demander le remboursement de ce qui a servi à payer ses créanciers. Cette
conséquence de l'effet relatif de l'action Paulienne, que
les anciens auteurs ne paraissent pas avoir soupçonnée
et qui est encore aujourd'hui très-controversée, nous
paraît cependant certaine : la renonciation n'est annulée
que dans la limite de leurs créances; eux payés, le
renonçant reste étranger à l'hérédité, et par conséquent
ses créanciers ont été payés avec l'argent des héritiers
acceptants; ceux-ci doivent donc pouvoir lui en demander compte. On objecte, il est vrai, que l'effet de la révocation a été de le faire considérer comme acceptant et de
faire rentrer la succession dans son patrimoine (1). Mais
c'est oublier que cette révocation n'a lieu que d'une manière
relative, dans l'intérêt des créanciers seulement et non
dans l'intérêt de l'héritier renonçant; l'article 788 le dit,

---

(1) Delvincourt, t. II, part. II, p. 106; Toullier, t. IV, § 348; Aubry
et Rau, t. V, § 613; Hureaux, p. 370.

(2) Toullier, t. IV, n° 349; Aubry et Rau, t. V, § 613, texte n° 4. —
Contrà, Marcadé, t. III, n° 299; Demolombe, t. XV, n° 89; Hureaux,
p. 373.

et ce qui le prouve de reste, c'est que tout le monde admet qu'il ne peut prétendre aucun droit sur ce qui restera après l'entier désintéressement des créanciers. Ce n'est d'ailleurs que l'application de la doctrine que nous essayerons d'établir plus loin (*infra*, n° 121) et d'après laquelle le défendeur à l'action Paulienne a toujours un recours contre l'auteur de l'acte frauduleux redevenu solvable.

81. C. *Article* 1053 : « Les droits des appelés seront » ouverts à l'époque où, par quelque cause que ce soit, » la jouissance de l'enfant, du frère ou de la sœur grevés » de restitution cessera; l'abandon anticipé de la jouis- » sance au profit des appelés ne pourra préjudicier aux » créanciers du grevé antérieurs à l'abandon. » — Cette disposition a été puisée dans l'art. 42 de l'ordonnance de 1747, sur les substitutions. L'abandon anticipé de la jouissance des biens grevés de restitution, dans les cas où les art. 1048 et 1049 du code Napoléon autorisent ce mode de disposer, ne peut nuire ni aux créanciers du grevé antérieurs à l'abandon (quant aux créanciers postérieurs, la loi ne s'en occupe pas parce que, de droit commun, ils ne sont pas admis à intenter l'action Paulienne, *supra*, n° 66), ni aux autres intéressés, tels qu'usufruitier ou acheteur des biens compris dans la substitution, qui tiendraient leurs droits du grevé; ils rentrent d'ailleurs dans l'expression générale de *créanciers*, car le grevé est tenu envers eux d'une obligation personnelle de garantie. Ce que l'art. 1053 appelle abandon anticipé de la jouissance doit s'entendre de la restitution anticipée tant de la propriété que de la jouissance : l'art. 42 disait, en effet : *restitution du fidéicommis*. Mais la disposition de cet article s'appliquerait également à l'abandon proprement dit de la jouissance; ce cas rentrerait d'ail-

leurs dans l'art. 622, comme renonciation à un droit d'usufruit (1).

82. D. *Article* 1464 : « Les créanciers de la femme » peuvent attaquer la renonciation qui aurait été faite » par elle ou par ses héritiers en fraude de leurs créances » et accepter la communauté de leur chef. » — La seule question importante qui se présente sur cet article est de savoir s'il doit s'appliquer dans le cas prévu par l'art. 1463, c'est-à-dire le cas où la femme séparée de corps ou de biens n'ayant pas accepté la communauté dans le délai de trois mois et quarante jours, est censée y avoir renoncé. La raison de douter vient de ce que la renonciation résulte dans ce cas de la simple abstention de la femme, et que l'on comprend difficilement dans cette hypothèse la possibilité d'un concert frauduleux entre la femme et le mari ou ses héritiers; aussi, M. Bellot des Minières (2) décide-t-il que l'action Paulienne n'est pas recevable dans le cas de l'art. 1463. Nous croyons cependant qu'elle l'est, car il s'agit là d'une renonciation (qu'on suppose bien entendu à titre gratuit), et par conséquent il suffit de prouver que l'abstention de la femme a été frauduleuse de sa part et, de plus, préjudiciable aux créanciers, sans qu'il y ait lieu d'établir la complicité du mari ou de ses héritiers (3). A la femme, l'art. 1464 assimile ses héritiers, c'est la conséquence de l'art. 1466 : « Dans le cas de dissolution de la communauté par la » mort de la femme, ses héritiers peuvent renoncer à la » communauté dans les délais et dans les formes que la » loi prescrit à la femme survivante. »

---

(1) Marcadé, t. IV, n° 235.
(2) *Traité du contrat de mariage*, t. II, p. 342.
(3) Aubry et Rau, t. IV, § 517, texte n° 4 et note 21.

83. E. *Article* 2225 : « Les créanciers ou toute autre per-
» sonne ayant intérêt à ce que la prescription soit acquise,
» peuvent l'opposer encore que le débiteur ou le proprié-
» taire y renonce. »—Les plus vives controverses se sont
élevées sur l'interprétation de cet article, en ce qui
concerne les créanciers chirographaires. Un point certain,
tout d'abord, c'est que si le débiteur néglige d'invoquer
la prescription, ils pourront le faire de son chef et en
vertu de l'art. 1166; nous aurons à voir dans un instant
si l'art. 2225 a voulu leur donner quelque autre droit;
mais il n'est pas douteux qu'il leur ait donné celui-là.
Mais la question qui s'élève est celle de savoir si, le débiteur n'ayant pas seulement négligé d'opposer la prescription et y ayant renoncé, ses créanciers chirographaires
ont le droit de faire annuler cette renonciation, et à
quelles conditions.

84. Un premier système répond d'une manière absolue
qu'ils ne le peuvent pas, alors même qu'ils démontre-
raient l'existence des conditions ordinaires de l'action
Paulienne, fraude et préjudice. On invoque dans ce système les trois arguments qui suivent : 1° ne pas opposer
la prescription c'est obéir à sa conscience, et un acte
aussi honnête ne peut avoir un caractère frauduleux;
2° la prescription n'est acquise que lorsqu'elle est invoquée, jusque-là elle ne constitue pas un droit et le débiteur qui y renonce n'aliène pas; les créanciers ne peuvent pas plus faire révoquer sa renonciation qu'ils ne
pourraient faire annuler le refus d'accepter une donation
qui lui serait offerte; enfin 3° l'article 2225 ne suppose
pas une renonciation consommée, mais seulement une
renonciation en voie de s'accomplir, et c'est dans ce cas
seul qu'il donne aux créanciers chirographaires le droit
d'opposer la prescription du chef de leur débiteur; il dit

en effet : *encore que le débiteur ou le propriétaire y renonce,* et non pas : *encore qu'il y ait renoncé* (1).

Nous n'admettons pas ce système, et nous répondrons aux divers arguments qu'il invoque : 1° la fraude n'est peut-être pas dans l'espèce une condition indispensable de l'exercice de l'action Paulienne; mais, en admettant même qu'elle le soit, comme nous le croyons, elle peut très-bien se rencontrer dans l'espèce, car la fraude consiste dans la connaissance par le débiteur de son insolvabilité (V. *infra,* n° 104), et il n'y a rien d'impossible assurément à ce que le débiteur sache qu'en n'opposant pas la prescription, il devient insolvable ou qu'il aggrave son insolvabilité. On oublie d'ailleurs dans ce système que, si cette considération était vraie, elle ferait obstacle à l'application de l'article 1166 comme à celle de l'article 1167 et que, si le moyen tiré de la prescription était, autant qu'on veut le dire, une affaire de conscience, au point que les créanciers de celui qui y renonce ne pussent faire annuler cette renonciation faite à leur préjudice et en fraude de leurs droits, la même raison les empêcherait de se prévaloir de la prescription que leur débiteur néglige d'opposer. 2° La prescription n'est acquise que quand elle est invoquée, mais la faculté de l'opposer constitue par elle-même un droit que le débiteur aliène en renonçant, et c'en est assez pour que, s'il a agi en fraude de ses créanciers, ceux-ci puissent user des voies ordinaires de recours que la loi leur donne : « car le droit, » dit Pothier, qui résulte de la prescription contre la dette » ayant été une fois acquis par l'accomplissement du » temps, le débiteur qui a depuis reconnu la dette a bien

---

(1) Vazeille, *Traité de la prescription,* t. I, n° 352; Dalloz, *Répertoire alphabétique,* v° *Prescription,* p. 243.

» pu par cette reconnaissance renoncer à la prescription
» pour lui et pour ses héritiers, mais il n'a pas pu y re-
» noncer au préjudice du droit acquis aux tiers (1). » Et
ce qui le prouve, d'ailleurs, c'est que si je renonçais à la
prescription, le titulaire d'une servitude ou le créancier
nanti d'une hypothèque par moi constituée pourrait encore l'opposer, et peu importe qu'en constituant cette
hypothèque ou cette servitude j'aie par là, en quelque
sorte, annoncé mon intention de me prévaloir de la
prescription, car cette considération ne serait pas vraie
à l'égard d'un créancier ayant hypothèque judiciaire,
tenant par conséquent ses droits, non d'une convention
passée entre nous, mais d'un jugement obtenu contre
moi, et il pourrait cependant, lui aussi, invoquer la
prescription à laquelle j'aurais renoncé. Enfin 3° nous
attachons d'autant moins d'importance à ces expressions
de l'article 2225 : *encore que le débiteur ou le propriétaire
y renonce*, que l'article 788 dit aussi : *les créanciers de
celui qui renonce au préjudice de leurs droits ;* or, personne ne conteste que cet article s'applique à la renonciation consommée.

85. La renonciation du débiteur à la prescription peut
donc être révoquée sur la demande des créanciers chirographaires. Mais un autre système également extrême enseigne que, malgré la renonciation du débiteur, ses créanciers chirographaires peuvent invoquer la prescription de
son chef, sans avoir à établir, ni la fraude, ni même le
préjudice. Dans cette opinion l'article 2225 donnerait
aux créanciers un pouvoir qu'ils n'auraient, ni en vertu
de l'article 1166, ni en vertu de l'article 1167, celui
de repousser directement la créance prescrite en conflit

---

(1) *Traité des obligations*, n° 699.

avec la leur. On argumente encore en ce sens de l'article 2225 ; il place, dit-on, les créanciers chirographaires sur le même rang et dans la même condition que les autres intéressés, tels que les créanciers hypothécaires ou titulaires de servitudes ; or ceux-ci pourraient tenir la renonciation du débiteur pour non avenue, et opposer la prescription sans avoir à remplir aucune condition particulière de preuve ; donc il en est de même des créanciers chirographaires. D'autant mieux, ajoute-t-on, que ceux-ci ont besoin d'une protection énergique contre les scrupules qui pourraient pousser le débiteur à se priver du seul moyen qu'il ait de conserver son patrimoine et, par suite, le gage de ses créanciers.

Mais cette doctrine nous paraît erronée en deux points : 1° elle se met en contradiction avec le principe général qui veut que les créanciers chirographaires soient obligés d'accepter les actes de leur débiteur, quelque préjudice qu'ils puissent leur causer, à moins qu'ils ne soient dans le cas d'intenter l'action Paulienne, principe dont rien ne prouve qu'on ait voulu s'écarter ici ; 2° elle se montre plus sévère pour les renonciations à la prescription que pour bien d'autres actes pourtant aussi dangereux pour les créanciers, tels que la donation : pour attaquer une donation, il faut prouver, sinon la fraude, au moins le préjudice ; pour attaquer la renonciation à la prescription, il ne serait nécessaire de prouver ni l'un ni l'autre. Le débiteur, a-t-on dit, pour justifier cette rigueur, sera plus porté à renoncer à la prescription qu'à se dépouiller par pure libéralité ; mais, en fait, il est certain que les donations, à des enfants par exemple, sont aussi dangereuses pour les créanciers que des renonciations à prescription, et il y a inconséquence à être plus sévère pour celles-ci que pour celles-là.

86. Nous nous rangeons donc au troisième système, celui de la majorité des auteurs : les créanciers chirographaires pourront, en satisfaisant aux conditions de l'action Paulienne, faire révoquer la renonciation du débiteur à la prescription (1). Mais, dans ce système, un point reste encore à fixer. Quelles seront dans l'espèce les conditions de l'action Paulienne? Suffit-t-il du préjudice? Faudra-t-il, au contraire, prouver l'intention frauduleuse du débiteur? Faudra-t-il même prouver la complicité du tiers au profit duquel a eu lieu la renonciation?

Plusieurs auteurs pensent qu'il suffira de prouver le préjudice. Pour les uns c'est l'application d'une théorie générale que nous aurons bientôt à apprécier et d'après laquelle le préjudice serait la seule condition d'exercice de l'action Paulienne en cas de renonciation à titre gratuit (2). D'autres trouvent dans le texte même de l'art. 2225 et dans les circonstances particulières de l'hypothèse à laquelle il se réfère, des raisons suffisantes de ne pas exiger d'autres conditions. Le texte, dit-on d'abord, ne parle pas de la fraude, il dit seulement: *les créanciers ou autres personnes y ayant intérêt...encore que le débiteur ou le propriétaire y renonce.* On ajoute que, si l'on exige la condition de fraude, on se trouvera très-embarrassé dans le cas où il n'y aura pas eu de la part du débiteur renonciation proprement dite, mais seulement négligence ou oubli d'invoquer la prescription suivi d'un jugement passé en force de chose jugée. Autre difficulté:

---

(1) Duranton, t. XXI, n° 150; Toullier, t. VII, p. 447; Marcadé, art. 2225, n° 2; Troplong, *Traité de la prescription*, t. I, n° 103; Aubry et Rau, t. VI, § 775; Capmas, n°s 15-18; Rataud, *Revue pratique,*, 1856, t. I, p. 481.

(2) Duranton, Troplong, Toullier, Aubry et Rau, Capmas, *locc. citt.*

comment qualifier cette renonciation? Est-ce un acte
à titre onéreux ou à titre gratuit? Faut-il par conséquent
prouver la complicité du tiers qui en a profité ou suffit-il
d'établir l'intention frauduleuse du débiteur? (1).

Ces raisons ne nous paraissent pas décisives. D'une
part nous croyons que, d'une manière générale et sans
exception, les deux conditions de l'*eventus damni* et du
consilium fraudis sont nécessaires pour l'exercice de l'action Paulienne (V. *infra*, nᵒˢ 101—112). D'autre part ces
difficultés que l'on croit trouver à l'application de ce
système ne nous paraissent pas aussi grandes qu'on veut
bien le dire. Et d'abord, si le débiteur, sans renoncer à
la prescription, a seulement négligé de l'invoquer, il restera aux créanciers chirographaires le droit de l'opposer
en vertu de l'art. 1166. Y a-t-il eu de plus un jugement
passé en force de chose jugée, il reste aux créanciers la
voie de la tierce opposition pour faire révoquer le jugement rendu contre leur débiteur à la suite d'une collusion entre les parties (V. *infra*, nᵒ 88). Si, enfin, il s'agit
d'une renonciation véritable, nous n'exigerons pas la
complicité de celui qui en a profité, et nous la considè-
rerons comme un acte à titre gratuit, suivant la doctrine
de Pothier: « Cette reconnaissance qui se fait après le
» temps de la prescription accomplie, à l'effet de la cou-
» vrir, renferme une aliénation gratuite du droit de fin de
» non-recevoir qui est acquis au débiteur par l'accom-
» plissement du temps de la prescription » (2).

Quant au texte de l'art. 2225, nous croyons qu'il est
étranger à cette question, que ce n'est pas de l'art. 1167,
mais de l'art. 1166 qu'il est l'application. Si donc il y a

---

(1) Rataud, *loc. cit.*
(2) *Traité des obligations*, nᵒ 690.

8

eu renonciation à la prescription, les conditions générales de l'art. 1167, préjudice et fraude, doivent se trouver réunies pour qu'il puisse y avoir révocation. L'art. 2225 est, disons-nous, l'application de l'art. 1166 : on aurait pu croire que le droit d'opposer la prescription est un droit exclusivement attaché à la personne et que, par conséquent, les créanciers ne pourraient l'exercer du chef du débiteur, et l'art. 2225 a été écrit pour prévenir cette erreur. Telle est l'interprétation qu'en a donnée M. Bigot-Préameneu dans son exposé des motifs du titre *de la prescription*: « Ce serait une erreur de croire que la » prescription n'a d'effet qu'autant qu'elle est opposée » par celui qui a prescrit et que c'est au profit de ce der- » nier une faculté personnelle. La prescription établit ou » la libération ou la propriété; or les créanciers peuvent, » ainsi qu'on l'a démontré au titre *des obligations*, exer- » cer les droits et actions de leur débiteur, à l'exception de » ceux qui sont exclusivement attachés à la personne; » la conséquence est que les créanciers ou toute autre » personne ayant intérêt à ce que la prescription soit » acquise peuvent l'opposer, quoique le débiteur ou le » propriétaire y renonce » (1). En assimilant ainsi aux droits ordinaires la faculté d'invoquer la prescription, l'art. 2225 l'a placée dans le droit commun tant au point de vue de l'art. 1167 qu'à celui de l'art. 1166.

87. Nous concluons donc 1° que, si le débiteur néglige d'invoquer la prescription, ses créanciers peuvent l'invoquer de son chef aux termes de l'art. 2225; 2° que, s'il y renonce, ils peuvent faire annuler sa renonciation en se conformant aux conditions de l'art. 1167.

Nous ferons remarquer, pour terminer sur ce point, que

---

(1) Locré, *Législation civile*, t. XVI, p. 562, n° 4.

l'intervention des créanciers, soit en vertu de l'art. 1166, soit en vertu de l'art. 1167, ne peut être admise quand il s'agit des courtes prescriptions à raison desquelles le créancier peut déférer le serment à son débiteur (C. N. art. 2275): la prestation de serment est évidemment toute personnelle et les créanciers ne peuvent y être admis, et, quant au serment de crédulité, ce n'est qu'aux veuves, héritiers et tuteurs que l'art. 2275 permet de le déférer (1).

88. V. Le débiteur peut encore porter atteinte aux droits de ses créanciers en se laissant frauduleusement condamner dans une instance où il est engagé. Les créanciers qui n'ont pas été appelés dans cette instance ne sont pas non plus dépourvus de secours dans cette hypothèse et, en vertu d'une application spéciale de l'art. 1167 du code Napoléon, ils peuvent faire réformer le jugement rendu contre le débiteur à la suite d'une collusion entre lui et la partie qui a triomphé. Il faudra qu'ils prouvent cette collusion et il ne leur suffira pas d'établir l'intention frauduleuse qu'aurait eue le débiteur de se laisser condamner, car on doit considérer le quasi-contrat judiciaire comme un contrat à titre onéreux où chacune des parties a chance de gagner comme de perdre. Mais comme le débiteur qui représente ordinairement ses créanciers dans les instances où il figure n'est pas censé avoir reçu d'eux mandat à l'effet de les tromper, la loi leur donne, en cas de collusion, un recours extraordinaire, la tierce opposition (Pr. c. art. 474 — 481). Ce n'est pas, à vrai dire, la seule utilité de la tierce opposition : elle est aussi un moyen d'arrêter l'exécution d'un jugement qui serait susceptible de porter préjudice à des

_____

(1) Rataud, *loc. cit.*

8.

tiers, en supposant d'ailleurs qu'il ne fût pas exécuté contre eux directement, car alors ils n'auraient pas besoin de la tierce opposition et se contenteraient de répondre purement et simplement par l'art. 1351 du code Napoléon : *res inter alios judicata aliis nec nocet nec prodest.* Mais cette application ne suffit pas à faire comprendre l'existence de la tierce opposition, et, dans les cas où le juge peut, nonobstant cette voie de recours, ordonner l'exécution du jugement qui en est frappé, comme dans ceux où la loi prescrit elle-même cette exécution (Pr. c. art. 478), la tierce opposition ne se comprendrait pas si elle n'avait une autre utilité, à savoir de faire réformer les jugements rendus à la suite d'une collusion dirigée contre les créanciers de l'une des parties. C'est d'ailleurs ce que démontrent les art. 447 du code Napoléon et 873 du code de procédure combinés, sur lesquels nous reviendrons bientôt (*infra,* n° 97) et d'où il résulte que la tierce opposition peut être la mise en exercice de l'action Paulienne appliquée auxdits jugements (1).

Aucun texte antérieur au code de procédure et aucun article de ce code ne fixent la durée de la tierce opposition : il faut donc décider qu'elle est recevable pendant trente ans, conformément au droit commun des actions tant réelles que personnelles (C. N. art. 2262); nous verrons d'ailleurs (*infra,* n° 126) que c'est aussi le délai de l'action Paulienne. Il y a seulement une exception dans les art. 1447 du code Napoléon et 873 du code de procédure (*infra,* n° 97).

Quant aux effets de la tierce opposition, ils seront ceux

---

(1) Proudhon, t. V, n° 2366 ; Aubry et Rau, § 313 ; Capmas, n° 66 ; Boitard, *Leçons de procédure civile,* t. II, n°s 720 et 726 ; Bonnier, *Traité des preuves,* t. II, n° 884.

que produit en général l'action Paulienne, purement
relatifs, par conséquent, et le jugement ainsi attaqué ne
tombera qu'en tant qu'il préjudicie aux créanciers; il
demeurera entre les parties valable et exécutoire. C'est
la disposition de l'art. 66 du code de commerce pour
un cas particulier : « Tout jugement qui prononce une
» séparation de corps entre mari et femme, dont l'un
» serait commerçant, sera soumis aux formalités pres-
» crites par l'art. 872 du code de procédure civile; à
» défaut de quoi les créanciers seront toujours admis à
» s'y opposer *pour ce qui concerne leurs intérêts,* et à con-
» tredire la liquidation qui en aurait été la suite. » Mais
il en serait autrement, on le comprend, si le jugement
avait été rendu sur une matière indivisible, telle qu'une
servitude.

Cette application spéciale de l'action Paulienne n'est
d'ailleurs le plus souvent nécessaire qu'aux créanciers
chirographaires. Nous croyons, en effet, que la chose
jugée à l'égard d'un débiteur n'est pas opposable aux
créanciers hypothécaires inscrits avant l'engagement de
l'instance (1); ils n'auront donc pas besoin de la tierce
opposition et ils se contenteront de repousser purement
et simplement l'application, quant à eux, du jugement
rendu contre leur débiteur et auquel ils n'auraient point
été appelés. Cependant la tierce opposition pourra être
nécessaire à des créanciers hypothécaires postérieurs à
l'engagement de l'instance, la chose jugée à l'égard du
débiteur leur étant opposable. De droit commun, nous le

----

(1) Valette, *Revue de droit français et étranger,* 1844, t. I, p. 27; Duranton, t. XIII, nº 507; Marcadé, art. 1351, nº 12; Aubry et Rau, t. VI, § 769,
texte nº 2 et note 28; Bonnier, t. II, nº 880. — *Contrà,* Proudhon,
t. III, nºˢ 1300-1310; Merlin, *Questions de droit,* vº *Opposition tierce,*
§ I.

savons (V. *supra*, n° 66), il faut, pour intenter l'action Paulienne, avoir un titre antérieur à l'acte qu'on prétend attaquer, mais, en prouvant que la fraude des parties a été précisément dirigée contre les créanciers hypothécaires que le débiteur se proposait d'avoir dans l'avenir, ceux-ci seront, nous l'avons dit aussi (*loc. cit.*), admis, quoique postérieurs à l'acte frauduleux, à l'attaquer, et ce sera par la tierce opposition.

89. Si le débiteur a été condamné en première instance et qu'il lui reste quelque voie de recours, soit ordinaire, soit extraordinaire, ses créanciers, tant chirographaires qu'hypothécaires, pourront sans aucun doute y recourir de son chef, conformément à l'art. 1166 (1).

90. VI. Enfin les autres actes, quelle qu'en soit la nature, d'où peut résulter pour les créanciers un préjudice, remise de dette, transaction, novation, acquiescement, confirmation d'une obligation annulable, etc....., peuvent être révoqués sur la demande des créanciers, si au préjudice se joint l'intention frauduleuse du débiteur (2).

91. VII. L'art. 1167, après avoir posé le principe de la révocation des actes faits par les débiteurs en fraude des droits de leurs créanciers, continue, en parlant des créanciers : « Ils doivent néanmoins, quant à leurs droits » énoncés au titre *des successions* et à celui *du contrat de* » *mariage et des droits respectifs des épouæ,* se conformer » aux règles qui y sont prescrites. » Ce sont ces exceptions que nous devons maintenant étudier : la première est contenue dans l'art. 882 du code Napoléon; la seconde dans l'art. 447 du code Napoléon, ou, pour mieux dire, dans l'art. 873 du code de procédure.

---

(1) Capmas, n° 66.
(2) Capmas, n° 65.

92. A. *Article* 882 : « Les créanciers d'un coparta-
» geant, pour éviter que le partage ne soit fait en fraude de
» leurs droits, peuvent s'opposer à ce qu'il y soit procédé
» hors de leur présence; ils ont le droit d'y intervenir à
» leurs frais, mais ils ne peuvent attaquer un partage
» consommé, à moins qu'il n'y ait été procédé sans eux et
» au préjudice d'une opposition par eux formée. » — C'est
dans cet article, et non pas dans l'art. 788, comme on
pourrait le croire, que se trouve l'exception annoncée par
l'art. 1167 : on a voulu argumenter du silence de la loi,
relativement à l'acceptation d'une succession obérée
qu'un débiteur de mauvaise foi pourrait faire au détriment de ses créanciers, pour prétendre qu'*à contrario* de
l'art. 788, l'action Paulienne ne s'applique pas à cette
acceptation; mais cette idée tombe devant cette observation bien simple que l'art. 1167 n'a pas pu renvoyer à
l'art. 788, qui ne contient pas une exception au principe,
mais seulement une application de ce même principe. La
dérogation se trouve donc dans l'art. 882 (1), mais de
vives controverses se sont élevées sur le sens et la portée
de cette règle exceptionnelle.

Dans le partage d'une succession, les droits des créanciers peuvent être lésés par des arrangements de plus
d'une sorte : attribution à l'héritier leur débiteur d'une
part moindre que celle à laquelle il a droit, rapport indû-
ment exigé, soulte exagérée ou indue qu'on met à sa
charge, prélèvement sans cause fait à son préjudice, attribution à ses cohéritiers d'un objet hypothéqué ou
grevé par lui de droits réels pendant l'indivision. Aussi
l'article 882 permet-il aux créanciers (et, par cette
expression, il embrasse toutes les personnes intéressées,

---

(1) Aubry et Rau, t. V, § 611, texte et note 55.

du chef d'un cohéritier, à surveiller le partage, un acheteur, un usufruitier un cessionnaire de droits successifs) d'y faire opposition et d'y intervenir à leurs frais.

Plusieurs situations peuvent se présenter; ou bien les créanciers n'ont pas formé opposition au partage, ou ils y ont formé opposition. S'ils y ont formé opposition, de deux choses l'une : ou le partage a été consommé en leur présence et avec leur adhésion, et alors ils ne peuvent plus l'attaquer comme préjudiciable, ni même comme frauduleux, ils peuvent seulement, suivant le droit commun, prouver que leur consentement a été surpris par dol, c'est-à-dire à l'aide de manœuvres frauduleuses (1); ou le partage a été fait hors de leur présence, et alors ils peuvent l'attaquer sans avoir à prouver la fraude et à la seule condition de justifier de leur intérêt, car le droit d'opposition leur a été donné non-seulement pour prévenir la fraude, mais pour défendre leurs intérêts contre les opérations d'un partage même fait de bonne foi (2).

Mais c'est dans l'hypothèse inverse, celle où les créanciers n'ont pas formé opposition au partage, que naît la difficulté. Ces créanciers pourront-ils encore attaquer le partage consommé, en prouvant qu'il a été fait en fraude de leurs droits? L'article 882 leur refuse-t-il seulement le droit de l'attaquer pour simple préjudice, ou, au contraire, sont-ils privés par cette disposition du droit de l'attaquer pour fraude?

93. Un premier système enseigne qu'ils peuvent encore attaquer le partage auquel ils n'ont pas fait opposition, en prouvant le préjudice qui leur a été causé et l'intention qu'a eue leur débiteur de leur causer ce préjudice.

(1) Aubry et Rau, t. V, § 626, texte n° 3.
(2) Aubry et Rau, t. V, § 626, note 39.

Un second système, qui ne se sépare du premier que par une nuance, leur accorde l'action Paulienne à la condition qu'ils prouvent non-seulement l'intention frauduleuse du débiteur, mais le concert frauduleux de tous les cohéritiers. En faveur de ce second système, on invoque le témoignage de Treilhard, qui disait dans son exposé des motifs du titre *des successions* : « Ils ne peuvent pas » attaquer un partage fait sans fraude en leur absence, » à moins qu'il n'y eût été procédé au préjudice d'une » opposition par eux formée » (1). Mais ces deux systèmes nous semblent inconciliables avec le texte des articles 1167 et 882 combinés : l'article 1167 renvoie en effet à l'article 882, qu'il annonce comme une exception au principe; or, le principe, c'est que les créanciers peuvent attaquer les actes faits par le débiteur en fraude de leurs droits; donc l'exception doit consister en ce que, dans un cas particulier, ils ne pourront pas attaquer l'acte fait en fraude d'eux; comment croire que l'article 882 ait été fait pour leur retirer un droit qu'ils n'ont pas, celui d'attaquer le partage à raison d'un simple préjudice ? M. Bigot-Préameneu a dit d'ailleurs formellement dans son exposé des motifs du titre *des obligations* : « On » n'a cependant pas voulu que des créanciers pussent troubler le repos des familles en attaquant comme frauduleux » certains actes qui sont nécessaires, actes qu'ils ne sont » point censés avoir ignorés, et dans lesquels on leur » donne seulement le droit d'intervenir pour y défendre » leurs droits. Ces cas sont prévus par le code civil. Tel » est celui d'un cohéritier dont les créanciers peuvent » s'opposer à ce qu'il soit procédé hors de leur présence

---

(1) Locré, t. X, p. 201, n° 35 ; Aubry et Rau, t. V, § 626, notes 42 et 43.

» au partage des biens de la succession qu'il recueille, et y
» intervenir à leurs frais, mais sans avoir le droit d'attaquer
» le partage lorsqu'il est consommé, à moins que l'on n'eût
» procédé sans. égard à une opposition qu'ils auraient
» formée » (1). Nous sommes donc obligé de reconnaître
que M. Treilhard a donné de l'article 882 une fausse
interprétation. Quant à la rigueur de la loi telle que nous
l'entendons, rigueur contre laquelle s'élèvent avec force,
au nom de la morale et de la justice, les partisans des
deux systèmes opposés, nous dirons seulement que le
partage est un acte nécessaire, coûteux, fécond en procès et en discussions de famille, et que la loi a voulu avec
raison en éviter, aussi souvent qu'il se pourrait, l'annulation : elle le pouvait d'autant mieux qu'au moyen
répressif, la révocation, elle substituait un moyen préventif, l'opposition, et conciliait par là les droits de tous.
Nous décidons, par conséquent, que les créanciers non
opposants ne peuvent, même pour fraude, attaquer un
partage consommé (2).

94. Une autre interprétation de l'article 882 a été présentée par M. Boissonade (3). Elle consiste à distinguer
deux sortes de fraude : l'une, qui tend à attribuer à l'un
des cohéritiers une part moindre que celle qui pourrait lui
échoir par le sort, à lui assigner des biens d'une poursuite plus difficile pour ses créanciers, à le grever d'une
soulte exagérée, en un mot, « à diminuer le patrimoine
saisissable par tous les créanciers »; l'autre, qui tend à
faire passer dans le lot de l'un des héritiers des immeubles grevés d'hypothèques ou autres droits réels par

(1) Locré, t. XII, p. 335-336, n° 53.
(2) Marcadé, t. III, n°s 408 et s.; Demolombe, t. XVII, n°s 230-240.
(3) *Revue critique*, 1856, t. IX, p. 450 et s.

un autre cohéritier pendant l'indivision, pour faire déchoir le créancier de son droit par suite de l'effet déclaratif du partage, qui tend, par conséquent, « à diminuer les garanties de certains créanciers ». Cela étant, de ces deux fraudes, l'article 882 n'en aurait prévu qu'une, et ce serait seulement aux créanciers hypothécaires et aux titulaires d'autres droits réels consentis pendant l'indivision qu'il serait interdit de recourir contre un partage consommé, même avec fraude, à moins d'y avoir formé opposition préalable. Quant à l'autre fraude, elle resterait sous l'empire du droit commun et les créanciers chirographaires pourraient, par conséquent, invoquer le principe général de l'article 1167, et faire annuler le partage fait en fraude de leurs droits en prouvant le concert frauduleux de tous les cohéritiers, à raison du caractère d'acte à titre onéreux qui appartient au partage.

On invoque en faveur de ce système l'équité : la fraude à laquelle l'article 882 est ainsi restreint est facilement réparable, car le débiteur qui aura ainsi diminué le gage de ses créanciers sera forcé de donner un supplément d'hypothèque ou contraint à un remboursement immédiat (C. N. art. 2131); les fraudes les plus dangereuses et les plus nombreuses restent soumises à l'application du principe général *fraus omnia corrumpit* — les textes : l'article 882 est placé immédiatement avant l'article 883, et cela indique que la fraude qu'il prévoit est précisément celle qui résulterait d'une application frauduleuse de l'article 883 — les précédents : Pothier (1) et Lebrun (2), dans les

---

(1) *Traité des successions*, ch. iv, art. 5, § 1, *in fine; Introduction au titre XVII de la coutume d'Orléans*, n° 06.

(2) *Traité des successions*, liv. III, ch. vi, sect. iv, n°s 1-5; liv. IV, ch. i, n° 65.

passages d'où l'article 882 a été extrait, ne font allusion qu'aux dangers qui pourraient résulter pour les créanciers de l'application de l'effet déclaratif du partage—enfin les travaux préparatoires : le projet de l'an VIII, article 203, parlait des créanciers hypothécaires seulement et, s'il a été modifié, c'est par suite d'une erreur de M. Jollivet, qui crut qu'il résulterait de cette rédaction que les héritiers pouvaient, du vivant de leur auteur, hypothéquer ses biens (1).

Cette interprétation de l'article 882 ne nous paraît pas admissible. Si, en effet, on part de ce point de vue qu'il est une disposition inique dont l'application doit être aussi restreinte que possible, pourquoi persiste-t-on à l'appliquer aux créanciers hypothécaires et pourquoi ne se rattache-t-on pas à l'un ou à l'autre des systèmes dont nous avons parlé plus haut et qui admettent en cas de fraude et malgré l'article 882 l'action Paulienne en matière de partage ? C'est, dit-on, parce que le préjudice subi par les créanciers hypothécaires est plus facilement réparable que ne le serait le dommage causé à la masse des créanciers ; mais est-ce qu'en bien des cas les créanciers hypothécaires ne seront pas tout aussi dénués de ressources que les créanciers chirographaires, et, si le débiteur n'a ni immeuble sur lequel il puisse donner une nouvelle hypothèque, ni argent pour payer ses créanciers, à quoi leur servira l'article 2134 ? Si Pothier et Lebrun s'attachaient surtout à l'hypothèse où ce sont des créanciers hypothécaires que lèse le partage, ce n'est qu'*exempli gratia*, et rien ne montre que, dans leur pensée, la décision qui est devenue l'article 882 dût s'appliquer à cette seule hypothèse. Et enfin, pour quelque raison que

(1) Fenet, t. II, p. 136 ; Locré, t. X, p. 138 et 141.

ce soit, il résulte des travaux préparatoires que le projet de l'article 882 s'appliquait aux créanciers hypothécaires seuls, et que sa rédaction définitive ne contient pas cette limitation. Quant à la place qu'occupe l'article 882 relativement à l'article 883, nous ne saurions y attacher beaucoup d'importance.

Mais ce qui nous paraît surtout démontrer que l'article 882 s'applique d'une manière générale à tous les créanciers, c'est 1° le texte de cet article qui ne fait pas de distinction; 2° l'article 865 du code Napoléon qui donne déjà à certains créanciers hypothécaires le droit de former opposition au partage et qui rendrait l'article 882 en partie inutile si celui-ci n'était pas applicable à d'autres créanciers; 3° l'article 2205 du code Napoléon : « Néan- » moins, la part indivise d'un cohéritier dans les » immeubles d'une succession ne peut être mise en vente » par ses créanciers personnels avant le partage ou la » licitation qu'ils peuvent provoquer s'ils le jugent con- » venable, ou dans lesquels ils ont le droit d'intervenir, » conformément à l'article 882 au titre *des successions*. » Comme cet article, ainsi que tout le titre *de l'expropria- tion forcée* auquel il appartient, s'applique tant aux créanciers chirographaires qu'aux créanciers ayant hypothèque, il en résulte qu'en renvoyant d'une manière générale à l'article 882, le législateur est parti de cette idée que l'article 882 s'applique à tous les créanciers indistinctement.

95. Mais nous pensons que l'article 882 ne s'applique qu'au partage judiciaire et que les motifs qui l'ont fait porter ne permettent pas de l'étendre au partage fait à l'amiable. Le législateur, avons-nous dit, a voulu substituer en matière de partage au moyen répressif de l'action Paulienne le moyen préventif de l'opposition; mais encore

faut-il, pour que le législateur ne soit pas coupable d'une injustice frappante, que le moyen préventif puisse être employé à temps. Or, si le lendemain de la mort du *de cujus* ses héritiers procèdent au partage sans que les créanciers domiciliés peut-être dans une autre ville aient pu être avertis et venir former opposition, il est certain que les héritiers auront trop beau jeu et que les créanciers, ne connaissant le partage que quand il sera fait, n'auront eu aucun moyen de s'y opposer. En d'autres termes, pour que l'article 882 puisse s'appliquer sans iniquité, il faut que le partage ait été public, qu'il ait pu être connu, et ces conditions ne peuvent se rencontrer que dans le partage judiciaire. C'est bien là le point de vue auquel se plaçait M. Bigot-Préameneu quand il disait, dans un passage que nous avons déjà cité : « On n'a cependant pas voulu que » les créanciers pussent troubler le repos des familles en » attaquant comme frauduleux certains actes qui sont » nécessaires, *actes qu'ils ne sont point censés avoir igno-* » *rés....* » Cette doctrine résulte d'ailleurs implicitement de l'article 882 qui donne aux créanciers le droit d'intervenir à leurs frais dans le partage : cela suppose évidemment un partage judiciaire, car il ne peut être question de frais dans un partage amiable. Quant aux dangers de l'annulation et aux avantages de la stabilité d'un partage, il ne faut pas les exagérer, quelque fondée que soit cette considération : si, en effet, le débiteur avait renoncé à une succession en fraude de ses créanciers, et qu'en suite de cette renonciation, ses cohéritiers eussent partagé entre eux seuls la succession, les créanciers du renonçant seraient recevables, et cela pendant trente ans (V. *infra*, n° 126), à faire révoquer cette renonciation et recommencer le partage; or, combien un partage frauduleux par lequel le débiteur ferait en sorte de soustraire sa part héréditaire aux poursuites de ses créanciers n'est-il pas plus dangereux qu'une renonciation frauduleuse à laquelle il serait le premier à perdre! Le partage fait à l'amiable pourra donc être révoqué pour fraude sur la demande des créanciers non opposants, à charge par eux de prouver le concert frauduleux de tous les copartageants, car le partage est un acte à titre onéreux (1).

96. Quoi qu'il en soit, si le partage était argüé, non pas de fraude, mais de simulation, toutes les restrictions mises par l'article 882 à l'action des créanciers tomberaient, et ceux-ci pourraient, en tout état de cause, opposants ou non, démontrer qu'en fait il n'y a pas eu de partage et provoquer du chef de leur débiteur un partage véritable (2).

L'article 882 est une conséquence de l'article 883 : il détermine dans quel cas et à quelles conditions les créanciers pourront prétendre que l'héritier leur débiteur n'est pas censé avoir succédé seul et exclusivement à tous les objets compris dans son lot, et n'avoir jamais eu de part aux autres objets de la succession. Il s'applique donc dans les mêmes cas que l'article 883, c'est-à-dire alors seulement qu'il y a cessation complète de l'indivision (3). Mais, par la même raison, il est étranger au cas où le partage se termine par une adjudication sur licitation prononcée au profit d'un étranger, car ce n'est plus un partage dans le sens de l'article 883, c'est une vente, et il faut lui appliquer le droit commun, c'est-à-dire l'article 1167.

On décide généralement que l'article 882 ne s'applique

---

(1) V. en ce sens Lebaudy, *Thèse pour le doctorat*, 1853, p. 111-117.
(2) Démolombe, t. XVII, n° 242.
(3) Aubry et Rau, t. V, § 620, texte et note 47 ; Demolombe, t. XVII, n° 241.

pas au partage des sociétés, parce que c'est une règle de
rigueur qu'il ne faut pas étendre, parce que les motifs
d'intérêt public et de paix des familles qui l'ont fait
édicter sont spéciaux au partage des successions, parce
qu'enfin il y aurait une rigueur exagérée à l'appliquer
au partage des sociétés civiles, souvent clandestines, et
ne se révélant au public que par la liquidation, sans qu'il
y ait eu par conséquent, pour les créanciers des associés,
possibilité d'intervenir au partage (1). Mais n'appliquant
l'article 882 qu'au partage judiciaire, nous pouvons sans
danger l'étendre au partage des sociétés, d'autant mieux
qu'en le faisant nous nous conformons au texte de l'article 1872 du code Napoléon qui assimile, quant au
partage, ses conditions et ses effets, l'indivision qui résulte d'une succession et celle qui résulte d'une société.
Par la même raison, nous appliquons l'article 882 au partage de la communauté entre époux : des raisons analogues à celles qui existent en matière de succession, surtout l'intérêt considérable qu'il y a à ne pas laisser des
affaires aussi compliquées dans un état aussi prolongé
d'incertitude, militent en faveur de cette application et
l'article 1476 du code Napoléon renvoie aussi au partage
des successions pour ce qui concerne celui de la communauté.

97. B. *Articles 1447 du code Napoléon et 873 du code
de procédure* : « Les créanciers du mari peuvent se pour-
» voir contre la séparation de biens prononcée et même
» exécutée en fraude de leurs droits; ils peuvent même
» intervenir dans l'instance sur la demande en séparation
» pour la contester.—Si les formalités prescrites au pré-

---

(1) Aubry et Rau, § 313, texte et note 30; Duvergier, *Traité des sociétés*, n° 475; Rej., 21 novembre 1834.

» sént titre ont été observées, les créanciers du mari ne
» seront plus reçus après l'expiration du délai dont il
» s'agit dans l'article précédent à se pourvoir par tierce
» opposition contre le jugement de séparation. » La
règle particulière annoncée par l'article 1167, en ce
qui concerne le contrat de mariage, ne se trouve donc
pas au code Napoléon, mais au code de procédure, et
voici en quoi elle consiste : si les diverses formalités exigées par le code Napoléon (art. 1444-1445) et le code
de procédure (art. 865-872) n'ont pas été observées, les
créanciers en fraude de qui la séparation de biens a été
prononcée ont le droit d'attaquer pendant trente ans par
voie de tierce opposition le jugement qui la prononce ;
cela résulte de l'article 873 *a contrario* et de l'article 66
du code de commerce : « à défaut de quoi les créan-
» ciers seront toujours admis à s'y opposer », sans
compter qu'ils ont une action en nullité si la séparation
de biens n'a pas été exécutée dans la quinzaine du jugement (C. N. art. 1444). Mais, et c'est en cela que consiste l'exception, si les formalités prescrites ont été
accomplies, les créanciers n'ont qu'un délai d'un an
pour exercer la tierce opposition contre le jugement de
séparation de biens qu'ils prétendraient rendu en fraude
de leurs droits : on n'a pas voulu laisser trop longtemps
en suspens le régime matrimonial et les droits respectifs
des époux. Mais cette disposition exceptionnelle doit être
restreinte à ses termes précis, et nous ne pensons pas
que ce délai d'un an s'applique au chef du jugement
de séparation de biens ou au jugement postérieur qui prononce la liquidation des droits de la femme ; car les raisons que nous venons de donner ne s'y appliquent pas :
le régime matrimonial est indépendant du sort de cette
partie du jugement. Après plusieurs variations, la juris.

9

prudence de la Cour de cassation, ainsi que la majorité des auteurs, se sont fixées en ce sens (1).

CHAPITRE QUATRIÈME.

CONTRE QUI EST DONNÉE L'ACTION PAULIENNE ET A QUELLES CONDITIONS.

SECTION Iʳᵉ. — CONTRE QUI EST DONNÉE L'ACTION PAULIENNE.

98. Le droit français, à la différence du droit romain, ne donne pas l'action Paulienne contre le débiteur lui-même, mais il reste aux créanciers d'abord leur ancienne action, née du contrat ou fait juridique quelconque en vertu duquel ils sont créanciers et qu'ils exerceront contre le débiteur redevenu solvable, et ensuite une action en dommages-intérêts tendant à la réparation du préjudice qui leur a été causé. Mais ces deux actions ne présentent rien de particulier et sont régies par les principes du droit commun. Quant aux héritiers du débiteur, ils ne sont pas tenus plus que lui de l'action Paulienne et peuvent seulement être poursuivis par l'action originaire qui appartenait aux créanciers (2).

L'action Paulienne est donnée seulement contre les tiers, notamment contre les acquéreurs et sous-acqué-reurs, suivant des distinctions que nous préciserons aux nᵒˢ 113-116, et contre leurs héritiers. Il est inutile de dire que, à la différence du droit romain qui ne donnait l'action Paulienne contre les héritiers que jus-

---

(1) Aubry et Rau, t. IV, § 516, note 23; Troplong, *Traité du contrat de mariage*, t. II, nᵒ 1400; Rodière et Pont, *Traité du contrat de mariage*, t. II, nᵒ 854; Boitard et Colmet-Daage, *Leçons de procédure civile*, t. II, nᵒ 1113; Rej., 11 novembre 1835.

(2) Capmas, nᵒ 72.

qu'à concurrence de ce dont ils étaient devenus plus riches, elle est aujourd'hui donnée contre eux *in solidum*, car ils succèdent d'une manière générale aux obligations de leur auteur (1).

99. Nous diviserons cette section en trois paragraphes : dans un premier nous parlerons de la discussion préalable des biens du débiteur, à laquelle doivent se livrer les créanciers qui intenteront l'action Paulienne ; dans le second nous rechercherons quelles sont les conditions de l'action Paulienne dans la personne du débiteur ; dans un troisième nous nous poserons la même question à l'égard des tiers.

§ I. *De la discussion des biens du débiteur.*

100. L'action Paulienne est une action subsidiaire, elle ne tend qu'à la réparation du préjudice qu'un débiteur de mauvaise foi a pu causer à ses créanciers ; or ce préjudice n'existe que si le débiteur s'est mis dans l'impossibilité de satisfaire à ses engagements antérieurs. La discussion est donc un préliminaire naturel de la procédure en révocation des actes d'un débiteur frauduleux. Le droit romain avait fait de cette exception un obstacle insurmontable à la recevabilité de l'action Paulienne : « *bonis ejus a creditoribus ex sententia præsidis possessis,* » dit la loi 1 *de revocandis* au Code, « *eo quod ejus bona non sunt suffectura creditoribus,* » dit aussi le § 3 *qui quibus ex causis* aux Instituts ; mais, dans notre droit où la déconfiture n'est pas organisée comme en

---

(1) Capmas, n° 73.

droit romain, nous ne croyons pas qu'il faille être si rigoureux et exiger comme une condition préalable de l'action des créanciers qu'ils rapportent la preuve de l'insolvabilité absolue du débiteur. D'abord, si le défendeur à l'action Paulienne négligeait d'opposer le bénéfice de discussion, le juge ne pourrait pas l'ordonner d'office, et le jugement prononçant la révocation n'en serait pas moins bien rendu (1). Ensuite, quant aux conditions de la discussion, sur laquelle le code ne pose nulle part un principe général, il faut appliquer l'article 2023 du code Napoléon relatif au bénéfice de discussion qui appartient à la caution : « la caution qui requiert la discussion doit » indiquer au créancier les biens du débiteur principal et » avancer les deniers suffisants pour faire la discussion. » Elle ne doit indiquer ni les biens du débiteur principal » situés hors de l'arrondissement de la Cour impériale » du lieu où le payement doit être fait, ni des biens liti- » gieux, ni ceux hypothéqués à la dette qui ne sont plus » en la possession du débiteur. » Nous n'insisterons pas sur cette dernière condition, car elle ne regarde que les créanciers hypothécaires et nous savons que ce n'est que dans des cas tout à fait exceptionnels qu'ils sont admis à l'action Paulienne; mais nous pensons que le défendeur à l'action Paulienne qui voudra invoquer le bénéfice de discussion devra en avancer les frais et indiquer les biens à discuter, et qu'il ne pourra pas indiquer les biens situés hors du ressort de la Cour impériale où devra se faire le payement, car les motifs de la loi tels qu'ils ont été donnés au Conseil d'État s'appliquent à l'action Paulienne, tout comme au cautionnement : « M. Cambacérès » demande pourquoi le créancier ne serait pas obligé de

---

(1) Delvincourt, t. II, part. II, p. 735, n° 11; Cass., 22 mars 1809.

» discuter les biens que le débiteur peut avoir hors du
» ressort du tribunal d'appel. M. Bigot-Préameneu ré-
» pond qu'il a toujours été reçu que le créancier n'est
» pas tenu de discuter les biens situés à une si grande
» distance, que la discussion en deviendrait trop dispen-
» dieuse et trop embarrassante (1). » C'est d'ailleurs sur
la foi des sûretés apparentes du débiteur que les créanciers ont traité avec lui, et il ne serait pas juste qu'ils
fussent renvoyés à discuter des biens dont ils ne soup-
çonnaient peut-être pas l'existence, alors que le débiteur
a frauduleusement aliéné ceux sur lesquels ils avaient
le droit de compter. Si l'on nous objecte l'intérêt du défendeur à la révocation, nous répondrons que, s'il est
acquéreur à titre gratuit, il lutte *de lucro captando;* que
s'il est acquéreur à titre onéreux, il est de mauvaise foi;
que, dans un cas comme dans l'autre, sa situation n'est
donc pas très-intéressante (2).

§ II. *Des conditions de l'action Paulienne dans la personne*
du débiteur.

101. Cette question doit être examinée séparément en
ce qui concerne les actes à titre onéreux et les actes à
titre gratuit.

I. *Actes à titre onéreux.*

102. Pour que l'action Paulienne puisse être dirigée
contre un acte à titre onéreux, deux conditions sont nécessaires : 1° que le débiteur ait causé un préjudice à
ses créanciers; 2° qu'il l'ait fait dans une intention frauduleuse. Le concours nécessaire de ces deux conditions

(1) Locré, t. XV, p. 298, n° 4.
(2) Aubry et Rau, § 313, note 7; Capmas, n°s 9 et 10.

no fait pas un doute : s'il n'y a pas de préjudice, les créanciers manquent d'intérêt à critiquer les actes du débiteur; s'il n'y a pas fraude, on n'est plus dans les termes de l'article 1167. Reprenons successivement ces deux conditions.

103. 1° *Du préjudice.* — Le préjudice résulte de l'insolvabilité amenée ou tout au moins aggravée par l'acte contre lequel on prétend diriger l'action Paulienne. Pour qu'il y ait lieu à cette action, il faut donc que les biens du débiteur soient insuffisants pour le payement de ses dettes, et c'est à le prouver que tend la discussion sur laquelle nous venons de nous expliquer. Il faut, par conséquent, que son insolvabilité réelle ou présumée soit constatée par son état de faillite ou de déconfiture. *Ou présumée,* disons-nous, car, si c'est un commerçant, il n'est pas indispensable qu'il soit au-dessous de ses affaires et, par cela seul qu'il est en faillite déclarée, c'est-à-dire en état de cessation de payements, l'action Paulienne peut être dirigée contre les actes frauduleux auxquels il a pu se livrer, soit dans les termes exceptionnels des articles 446-449 du code de commerce dont nous présenterons plus tard le commentaire, soit dans les termes du droit commun s'il a fait des actes dont la loi commerciale ne s'est pas spécialement occupée (1). Mais il faut toujours que le préjudice subi par les créanciers soit résulté de l'acte qu'ils attaquent; en d'autres termes, que le débiteur ait été au-dessous de ses affaires dès avant la passation de cet acte ou du moins que son insolvabilité en soit la conséquence, car, si elle était résultée d'événements postérieurs, cet acte n'aurait pas préjudicié aux créanciers, puisque, même après lui, le gage qu'offraient les biens

---

(1) Aubry et Rau, § 313, texte et note 8.

du débiteur suffisait encore à désintéresser ses créanciers (1). La loi ne tient jamais compte de la lésion pour
la rescision d'un acte quelconque, qu'autant qu'elle a été
la conséquence de l'acte lui-même, et ainsi « le mineur
» n'est pas restituable pour cause de lésion lorsqu'elle
» ne résulte que d'un événement casuel et imprévu ».
(C. N. art. 1306.)

104. 2° *De la fraude*. — Ce serait une erreur que d'entendre le mot *fraude* en matière d'action Paulienne dans
le sens qu'on lui donne habituellement. La fraude, en
général, c'est le dessein de tromper; mais ici la loi plus
sévère ne demande pas cette volonté expresse et active
de nuire, et la fraude résulte de la simple connaissance
par le débiteur qu'il est insolvable ou qu'en faisant tel
ou tel acte il va le devenir (2). Cette doctrine résulte de
la manière la plus claire de la loi 17, § 1, D. *quæ in*
fraudem creditorum : « *Quamvis non proponatur consilium*
fraudandi habuisse, tamen qui creditores habere se scit et
universa bona sua alienavit intelligendus est fraudandorum
creditorum consilium habuisse. » Et c'est là ce qui nous
a permis de dire que la renonciation d'un débiteur à la
prescription qu'il pourrait invoquer contre un de ses
créanciers peut être annulée sur la demande des autres
comme acte frauduleux (*supra*, n° 84). Aussi nous sem-
ble-t-il qu'on s'exprime inexactement quand on dit : « le
» dessein de frauder de la part du débiteur se présume
» quand il fait un acte préjudiciable à ses créanciers en
» connaissance de son insolvabilité (3) »; car, dans ce
cas, les caractères constitutifs de la fraude, au point de

---

(1) Aubry et Rau, § 313, texte et note 15.
(2) Capmas, n°s 3 et 4.
(3) Aubry et Rau, § 313.

vue de l'action Paulienne, sont réunis : on ne la présume
pas, elle existe. Mais, comme la mauvaise foi ne se présume jamais, il faut toujours, quoiqu'on l'ait contesté,
que les créanciers prouvent la fraude, car nous croyons
qu'il est vrai de dire avec les Romains : « *Sæpe enim de
facultatibus suis sperant homines amplius quam in his
est* (1) ». D'ailleurs, cette preuve peut se faire, comme
dans tous les cas où le débiteur n'a pas pu se procurer
une preuve écrite, par témoins et par les présomptions
de l'homme, pourvu qu'elles soient graves, précises et
concordantes (C. N. art. 1348-1° et 1353), de sorte qu'au
fond cette doctrine se rapproche peut-être beaucoup de
celle qui admet qu'en certains cas la fraude doit être
présumée (2).

II. *Actes à titre gratuit.*

105. Dans les actes à titre gratuit comme dans les
actes à titre onéreux le préjudice est une condition indispensable de l'action Paulienne; mais en est-il de même
de la fraude? Sur cette question capitale dans notre matière, il ne s'est pas produit moins de cinq systèmes. La
difficulté tient à ce que, dans les divers articles, soit de
principe, soit d'application, qui traitent de la révocation
des actes accomplis en fraude des droits des créanciers,
la loi n'a pas employé les mêmes expressions, ce qui
tout naturellement a dû faire naître des incertitudes dans
l'interprétation des textes. Ainsi, dans l'article 1167
qui est la disposition de principe, la loi dit *fraude,* dans
les dispositions d'application, elle dit tantôt *fraude,* tantôt *préjudice :* les articles 622, 788, 1053 parlent du pré-

---

(1) *Inst.,* liv. I, tit. VI, § 3.
(2) Capmas, nᵒˢ 5-8.

judice, l'article 1464 de la fraude ; l'article 2225 de l'intérêt. Quelle est en définitive la pensée de la loi ?

106. Nous croyons que le moment est venu de présenter l'historique de nos articles que nous avons réservé
(*supra,* n° 58) ; car ce sont surtout les travaux préparatoires qui nous serviront à résoudre la question grave qui
se présente.

A.) *Projet de l'an VIII.*

Le projet de l'an VIII présenté par une commission
composée de Tronchet, Bigot-Préameneu, Portalis, Malle-
ville, renfermait six dispositions correspondant aux
art. 622, 788, 1167, 1447, 1464, 2225, et dont voici
le texte.

*Art. 43, liv. II, tit. III. sect. III du projet (aujourd'hui
art. 622)* : « Si la renonciation est faite *en fraude* des
» créanciers de l'usufruitier, ils peuvent la faire annu-
» ler » (1).

*Art. 93, liv. III, tit. I, ch. VI, sect. II du projet (aujour-
d'hui art. 788)* : Les créanciers de celui qui renonce *en
» fraude et au préjudice* de leurs droits peuvent attaquer
» la renonciation et se faire autoriser en justice à accep-
» ter la succession du chef de leur débiteur et en son lieu
» et place » (2).

*Art. 62, liv. III, tit. III, ch. II, sect. V du projet (au-
jourd'hui art. 1167)* : « Ils ne peuvent attaquer sous pré-
» texte de *fraude* à leurs droits les actes faits par leur
» débiteur que dans les deux cas suivants: 1° lorsqu'il
» s'agit d'actes réprouvés par la loi concernant les fail-
» lites; 2° lorsqu'il s'agit d'une renonciation faite par le

(1) Fenet, t. II, p. 113.
(2) Fenet, t. II, p. 140.

» débiteur à un titre lucratif tel qu'une succession ou
» une donation, à la charge par les créanciers de se faire
» subroger aux droits de leur débiteur et de prendre sur
» eux tous les risques du titre qu'ils acceptent de son
» chef » (1).

Art. 65, liv. III, tit. X, ch. II, sect. IV du projet (au-jourd'hui art. 1447) : « Les créanciers du mari peuvent
» intervenir dans l'instance sur la demande en séparation
» et la contester si elle est provoquée *en fraude* de leurs
» droits » (2).

Art. 82, liv. III, ch. II, sect. V du projet (aujourd'hui art. 1464) : « Les créanciers de la femme pourront atta-
» quer la renonciation qui a été faite par elle ou par ses
» héritiers *en fraude* de leurs créances et accepter la com-
» munauté » (3).

Art. 7, liv. III, tit. XX du projet (aujourd'hui art. 2225) :
« Les créanciers postérieurs ou toute autre personne
» ayant intérêt à ce que la prescription soit acquise peu-
» vent l'opposer encore que le débiteur ou le propriétaire
» y renonce » (4).

Nous pouvons dès à présent remarquer la rédaction
singulière de l'art. 62 (aujourd'hui 1167). A le prendre à
la lettre, il n'aurait accordé l'action Paulienne que dans
deux cas, le cas de faillite et le cas de renonciation à
un titre lucratif : le tribunal de cassation ne l'entendit
pas ainsi et en donna l'interprétation suivante : tous les
actes que peut faire un débiteur pour nuire à ses créanciers peuvent être révoqués, à la condition que ceux-ci
établissent le préjudice et la fraude, mais par exception

(1) Fenet, t. II, p. 168.
(2) Fenet, t. II, p. 315.
(3) Fenet, t. II, p. 318.
(4) Fenet, t. II, p. 405.

la fraude sera présumée dans deux cas, la faillite et la renonciation à un titre lucratif — interprétation qui ne cadrait pas avec l'art. 93 du même projet (aujourd'hui 788) qui exigeait en cas de renonciation à une succession qui est un titre lucratif, la fraude et le préjudice (1). Voici d'ailleurs le projet du tribunal de cassation qu'il est bon de mettre en regard de celui de l'an VIII.

B.) *Projet du tribunal de cassation.*

Le tribunal ne change rien aux articles correspondants à nos articles actuels 1447, 1464, 2225, mais il demande que, dans les art. 43 (aujourd'hui 622) et 98 (aujourd'hui 788), on remplace les mots *en fraude* par ceux-ci : *au préjudice,* et il donne les motifs de ce changement : « la » fraude suppose *consilium* et *eventus,* or ne suffit-il pas » que, par l'événement, une renonciation porte préjudice » aux créanciers, quoiqu'elle ne soit pas frauduleuse » dans l'intention du renonçant, pour qu'il y ait lieu à » la faire annuler? — La fraude du renonçant qui sup- » pose à la fois *consilium* et *eventus* ne doit pas être » exigée pour que les créanciers puissent attaquer la » renonciation ; il doit suffire qu'elle soit préjudicia- » ble » (2). Quant à l'art. 62 (aujourd'hui 1167), il lui fait subir une transformation plus considérable à raison de l'interprétation qu'il en donne et que nous signalons plus haut.

Article du projet de la commission de l'an VIII.	Article proposé par le tribunal de cassation.
Il ne peuvent attaquer sous pré- texte de fraude les actes faits par	Ils peuvent aussi, en leur nom personnel, attaquer tous actes faits

(1) Capmas, p. 23.
(2) Fenet, t. II, p. 545 et 570.

leur débiteur, que dans les deux cas suivants :

1° Lorsqu'il s'agit d'actes réprouvés par la loi concernant les faillites ;

2° Lorsqu'il s'agit d'une renonciation à un titre lucratif, tel qu'une succession ou une donation ; à la charge par les créanciers de se faire subroger aux droits de leur débiteur, et de prendre sur eux tous les risques et toutes les charges du titre qu'ils acceptent de son chef.

par leur débiteur en fraude de leurs droits.

Sont toujours réputés faits en fraude des droits des créanciers les actes réprouvés par la loi concernant les faillites, ainsi que la renonciation à un titre lucratif, tel qu'une succession ou une donation.

S'il s'agit d'une renonciation à un titre lucratif, les créanciers qui veulent faire tomber cette renonciation doivent se faire subroger aux droits de leur débiteur et prendre sur eux tous les risques et toutes les charges du titre qu'ils acceptent à sa place.

Et ce changement est accompagné de l'observation suivante : « Le changement proposé n'a d'autre but que » d'exprimer d'une manière qu'on croit plus précise le » vœu du projet (1). »

C.) *Discussion au Conseil d'État.*

Les observations du tribunal de cassation, en ce qui concerne les art. 43 (aujourd'hui 622) et 93 (aujourd'hui 788), sont adoptées sans qu'il y ait trace de discussion à ce sujet, et le projet présenté par le Conseil d'État avec le mot *préjudice* au lieu du mot *fraude*, voté sans difficulté. Ces deux articles deviennent donc nos art. 622 et 788 (2). Quant à l'art. 1167, un premier projet est présenté par M. Bigot-Préameneu, dans la séance du 11 brumaire an XII ; il est ainsi conçu : « *Art.* 62. Ils » peuvent aussi en leur nom personnel attaquer tous » actes faits par leur débiteur en fraude de leurs droits. —

(1) Fenet, t. II, p. 587.
(2) Locré, t. VIII, p. 234 et 244 ; t. X, p. 110 et 112.

» *Art.* 63. Lorsque le débiteur a renoncé à une succes-
» sion, le créancier peut l'accepter du chef de son débi-
» teur; le créancier peut demander aussi à son profit
» l'exécution d'une donation que son débiteur aurait
» d'abord acceptée et à laquelle ce débiteur aurait ensuite
» renoncé : dans l'un et l'autre cas, le créancier prend
» sur lui les risques et les charges résultant du titre qu'il
» a accepté à la place de son débiteur (1). » Puis un second
projet est présenté à la séance du 11 frimaire an XII et
l'art. 63 ne s'y retrouve pas : cette seconde rédaction ne
contient qu'un art. 68, correspondant à l'art. 62 du projet précédent, et qui n'est autre que notre art. 1167 (2).

107. De cet historique, nous tirons les deux conclu-
sions suivantes : 1° c'est sur la demande du tribunal de
cassation et conformément à son p.ojet que, dans les
art. 622 et 788, le mot *préjudice* a été substitué au mot
fraude; mais 2° l'alinéa qui se trouvait dans le projet de
l'art. 61 (aujourd'hui 1167) du tribunal de cassation, et
en vertu duquel la fraude était présumée de plein droit
dans les renonciations à titre gratuit, n'a pas été reproduit dans la rédaction définitive du code.

Ajoutons enfin que, dans cet exposé, il n'a pas été
question de l'art. 1053, parce que ni le projet de la commission de l'an VIII, ni celui du tribunal de cassation
n'admettaient les substitutions fidéicommissaires. Cet
article, conçu d'ailleurs dans les mêmes termes que les
art. 622 et 788, a été inséré dans le code, sur la demande
du tribunat, et n'a été l'objet d'aucune observation (2).

Nous pouvons maintenant discuter la question qui a

---

(1) Locré, t. XII, p. 101 et 102.
(2) Locré, t. XII, p. 230.
(3) Locré, t. XI, p. 262 et 329.

rendu, nécessaires ces développements historiques : les créanciers qui demandent la révocation d'un acte à titre gratuit sont-ils obligés de prouver l'intention frauduleuse du débiteur ?

Écartons d'abord de cette discussion l'art. 2225 : nous croyons avoir démontré qu'il n'est pas relatif à l'action Paulienne, mais une simple application de l'art. 1166 (V. *supra*, nᵒˢ 83-87). Il n'a d'ailleurs subi, dans le cours des travaux préparatoires, qu'une modification : c'est la suppression du mot *postérieurs*, qui se trouvait dans le projet de l'an VIII et qui n'a pas été reproduit dans celui du Conseil d'État; ce changement n'a pas trait à la question qui nous occupe (1).

Il y a, avons-nous dit, cinq systèmes en présence sur cette question.

108. 1) Dans un premier système on décide que, toutes les fois qu'il s'agit d'actes à titre gratuit, il suffit pour les faire annuler du simple préjudice. On se fonde sur le texte des art. 622, 788, 1053 qui, pour la renonciation à un usufruit ou à une succession et pour la restitution anticipée d'une substitution, n'exigent que le préjudice ; et, quant à l'art. 1464 qui, dans un cas tout à fait analogue, celui d'une renonciation à communauté, exige la fraude, on prétend que c'est par inadvertance que ce mot s'y est glissé et que, pour le mettre en harmonie avec les art. 622, 788, 1053, il faut le corriger en y lisant *préjudice* au lieu de *fraude*. Dans ce système, les art. 622, 788, 1053, 1464 doivent être, par analogie, étendus à tous les actes à titre gratuit, et l'art. 1167 ne s'applique plus qu'aux actes à titre onéreux. L'équité, dit-on, le veut ainsi, car, entre les créanciers *qui certant de damno*

(1) Locré, t. XVI, p. 535.

vitando et les acquéreurs à titre gratuit *qui certant de lucro captando,* ce sont les premiers qu'il faut préférer, encore que la libéralité faite aux seconds ne soit entachée d'aucune intention frauduleuse (1).

Nous n'hésitons pas à repousser ce système. En admettant même, ce que nous contestons (V. *infra,* n° 109), que dans les art. 622, 788, 1053, le législateur ait entendu faire du préjudice la seule condition d'exercice de l'action Paulienne, il n'en est pas moins vrai qu'en étendant ces dispositions à tous les actes à titre gratuit, on fait subir une correction arbitraire à l'art. 1464 qui, d'une manière bien formelle, exige la fraude, et surtout on viole le texte de l'art. 1167 qui est général et s'applique, ce sont ses propres termes, à tous le· actes faits par le débiteur en fraude des droits de ses créanciers : rien donc ne justifie en droit cette distinction entre les actes à titre gratuit et les actes à titre onéreux. Ce système est aussi contraire à l'esprit qu'au texte de la loi : le principe, c'est que le débiteur représente ses créanciers chirographaires, jusqu'à la fraude exclusivement; donc, tant qu'il n'y a pas fraude, ils sont non recevables à critiquer les actes par lui faits, quelque préjudiciables qu'ils puissent leur être. Ce système, d'ailleurs, manque de précédents : en droit romain, proposé par Gaius, il n'avait pas prévalu parmi les jurisconsultes et Justinien le repousse formellement (2). Et en vain ajoute-t-on que l'équité commande cette distinction, car, si la circonstance qu'il s'agit d'un acte à titre gratuit doit exercer quelque influence sur les conditions de la révocation, c'est en ce sens seulement

---

(1) Delvincourt, t. II, part. II, p. 524; Duranton, t. X, n° 578; Aubry et Rau, § 313, texte et note 14; Hureaux, p. 302.

(1) Cpr. D. L. 10, *Qui et a quib. man.;* Inst., liv. I, tit. VI, § 3.

qu'elle pourra être demandée contre un acquéreur de
bonne foi ; mais le débiteur, encore une fois, conserve le
droit d'amoindrir par des actes quelconques, pourvu
qu'il soit de bonne foi, le gage de ses créanciers.

109. 2) Un second système, moins absolu que le précédent, reconnaît que, pour les actes à titre gratuit en
général, la fraude est une condition de la révocation ;
mais, ce principe admis, il y fait une exception en ce
qui touche les renonciations faites à ce titre. Il argumente des art. 622, 788, 1053 qui n'exigent pas d'autre condition que celle du préjudice, corrige l'art. 1464
en y substituant *préjudice* à *fraude,* et ne diffère en
somme du précédent que parce qu'il n'étend pas cette
décision aux actes à titre gratuit autres que les renonciations (1).

Ce second système est certainement plus soutenable
que le premier : nous ne l'admettons pourtant pas, et
nous allons essayer de démontrer que, dans les art. 622,
788, 1053, c'est *fraude* qu'il faut lire et non pas *préjudice,* et que les art. 1167 et 1464 donnent seuls la véritable pensée de la loi. Il y a en faveur de cette interprétation un argument décisif : l'art. 61 (aujourd'hui 1167)
du projet du tribunal de cassation portait, on se le rappelle, un second alinéa ainsi conçu : « Sont toujours
» réputés faits en fraude des créanciers les actes réprou-
» vés par la loi concernant les faillites, ainsi que la re-
» nonciation faite par le débiteur à un titre lucratif, tel
» qu'une succession ou une donation ; » or, cet alinéa est
supprimé dans le projet présenté par Bigot-Préameneu au
Conseil d'État dans la séance du 11 brumaire an XII, et
l'art. 1167 voté tel qu'il est aujourd'hui. Ne résulte-t-il

(1) Ducaurroy, Bonnier et Roustain, t. II, p. 154.

pas invinciblement de cette suppression que le Conseil d'État a entendu rejeter la doctrine du tribunal de cassation et la présomption de fraude qu'il tendait à introduire pour les actes à titre gratuit ? Et ce qui confirme cette conjecture, ce qui la change en certitude, c'est que, dans le seul article relatif à la matière qui vienne après l'art. 1167, dans l'art. 1464, ce n'est plus de préjudice qu'il s'agit, c'est de fraude. Ce qui prouve que, jusqu'à la rédaction de l'art. 1167, le Conseil d'État n'avait pas d'idées arrêtées sur la question, — que, lors de l'art. 1167, il a pris un parti, celui d'exiger la fraude sans distinction et pour tous les actes sujets à l'action Paulienne, — qu'une fois ce parti pris, il ne s'en est plus écarté, — qu'en conséquence les art. 1167 et 1464 donnent seuls la véritable pensée de la loi.

Nous avons cependant deux objections à réfuter.

a). Le projet de la commission de l'an VIII, dans les dispositions correspondantes à nos art. 622 et 788, exigeait la fraude ; le tribunal de cassation y substitua le préjudice, et cette correction fut admise sans difficulté dans le projet présenté au Conseil d'État, votée par lui et transportée enfin dans la rédaction définitive ; donc les législateurs ont voulu admettre la doctrine du tribunal de cassation. — Oui, ils l'ont admise, mais provisoirement et en réservant la question pour le moment où ils seraient arrivés à la matière des obligations, et ils l'ont admise parce que le mot *préjudice* substitué au mot *fraude* ne les engageait en rien et leur permettait de prendre plus tard parti en toute liberté. Au moment de prendre ce parti, ils repoussent la portion de l'art. 64 qui formulait en principe les idées du tribunal de cassation, donc ils abandonnent ce principe et les applications qu'ils en avaient faites jusque-là se trouvent virtuellement modifiées.

b). L'article 61 du projet du tribunal de cassation avait été scindé en deux articles par la commission du Conseil d'État : l'un, l'article 62, a été voté; l'autre, l'article 63, rejeté. Mais cela ne prouve pas que l'idée principale du tribunal de cassation, la présomption de fraude en matière d'actes à titre gratuit, qui était consignée dans cet article 63, ait été rejetée. Au contraire, si les trois propositions qui formaient cet article ont été mises de côté, c'est que « la première était inutile; elle » faisait double emploi avec l'article 788 du code civil; » elle devait donc être rejetée. La seconde renfermait » une idée peu rationnelle et qu'un examen attentif de- » vait faire abandonner. Pourquoi, en effet, présumer la » fraude dans le cas de renonciation à une succession » déjà acceptée? Pourquoi le donataire devenu proprié- » taire ou créancier de l'objet donné aurait-il été empê- » ché de rendre au donateur ce qu'il en avait reçu ou de » renoncer à son droit de créance contre lui? Pourquoi, » je le répète, présumer dans ce cas la fraude, alors » qu'elle ne serait pas présumée si le donataire avait » donné à un tiers l'objet reçu ou sa créance contre le » donateur, au lieu d'en faire l'abandon à ce dernier? » Serait-ce parce qu'il peut se justifier par les motifs les » plus légitimes, les plus honorables, qu'on présume ici » l'acte frauduleux? Enfin, la troisième proposition, con- » traire au droit romain, admise seulement par notre » ancienne jurisprudence, sous la préoccupation de la » nature d'action réelle qu'on donnait trop facilement à » l'action révocatoire, était peu en harmonie avec le ca- » ractère d'action personnelle que doit avoir, en général, » l'action Paulienne, et que les rédacteurs du code vou- » laient sans doute lui donner dans tous les cas. Il y » avait donc de bonnes raisons pour retrancher complé-

» lement du projet cet article 63 ; et, en fait, il a disparu
» sans qu'aucune discussion nous montre qu'il ait été
» mis de côté par d'autres motifs que ceux que je viens
» d'indiquer et qui me semblent très-rationnels (1). » —
Mais il nous semble qu'on prend le change quand on explique ainsi les modifications successives subies par l'article 61 du tribunal de cassation. On nous explique bien,
en effet, pourquoi l'article 63 du projet présenté au
Conseil d'État fut supprimé dans la séance du 16 frimaire
an XII ; mais on ne nous dit pas pourquoi ne se retrouve
pas dans le projet présenté le 11 brumaire précédent
cette phrase capitale du tribunal de cassation : « Sont
» toujours réputés faits en fraude des créanciers les actes
» réprouvés par la loi concernant les faillites, *ainsi que*
» *la rénonciation faite par le débiteur à un titre lucratif,*
» *tel qu'une succession ou une donation.* » Il demeure donc
prouvé qu'en ne reproduisant pas cette phrase dans leur
projet, les rédacteurs du code ont entendu repousser le
système qu'elle consacrait, et que, si l'article 63 a été
supprimé, c'est pour une raison meilleure que toutes
celles que nous venons de citer, à savoir qu'il contenait
les applications d'un système abandonné.

110. 3) En réfutant ce système, nous en avons établi
un troisième qui nous paraît le seul vrai et qui rejette
toute présomption de fraude en matière d'actes à titre
gratuit. Ce système, d'après lequel les créanciers attaquant un acte à titre gratuit sont tenus de prouver le
consilium fraudis du débiteur, tout comme s'ils atta-
quaient un acte à titre onéreux, a pour lui le texte général de l'article 1167 ; il est aussi celui de Pothier (2),
dont les rédacteurs du code ont dû préférer l'opinion à

____

(1) Capmas, p. 30-31.
(2) *Traité des obligations,* nº 153 ; *Traité des substitutions,* nº 103.

celle de Furgole (1); et, enfin, il résulte de l'historique
de la loi : jusqu'à la rédaction de l'article 1167, disons-le
encore une fois, le législateur n'a pas d'idée fixe; sur la
demande du tribunal de cassation, et parce que ce changement ne l'engage à rien, il remplace le mot *fraude* des
articles 622 et 788 par le mot *préjudice*, se réservant
d'examiner plus tard le système dont ces corrections sont
la conséquence; lors de la rédaction de l'article 1167, il
examine ce système, il le rejette; et, dans l'article 1464,
il consacre encore une fois le système auquel il s'est
arrêté. On a oublié, il est vrai, de corriger en ce sens les
articles 622, 788, 1053; mais n'est-ce pas qu'on aurait
supposé que ces articles ne tranchaient pas la question
et la laissaient entière, en ce sens qu'en exigeant la
preuve du préjudice, ils n'excluaient pas la nécessité de
prouver la fraude? Ainsi entendus, les travaux préparatoires ne présentent plus rien d'obscur ni de contradic-
toire. C'est, d'ailleurs, le système en faveur duquel s'est
prononcée la jurisprudence (2).

111. 4) Notre savant maître, M. Capmas, a proposé
sur cette question une opinion toute personnelle. Elle
consiste à appliquer à la lettre les différents textes sur
lesquels roule la discussion : là où le législateur a dit
préjudice, c'est-à-dire dans les articles 622 et 788, il
suffira aux créanciers de prouver le préjudice pour obtenir la révocation; là où le législateur a dit *fraude*, c'est-
à-dire dans l'article 1464, il faudra qu'ils prouvent que
leur débiteur a voulu les tromper (3). Si nous osions
nous exprimer ainsi, nous dirions que cette opinion, qui

---

(1) Sur l'ord. de 1747, p. 224.
(2) Proudhon, t. V, nᵒˢ 2353-2350; Toullier, t. VI, nᵒˢ 348-351;
Marcadé, t. IV, nᵒ 407; Rej., 2 janvier 1843.
(3) P. 35-41.

sacrifie l'esprit de la loi à son texte, qui prête au législateur une double inconséquence, est moins un système que l'absence de tout système. Comment croire, en effet, que le législateur ait eu si peu d'unité dans ses vues que d'écrire au hasard et sans intention, ici *fraude*, là *préjudice;* et comment expliquer, d'ailleurs, pourquoi il faudrait prouver la fraude en cas de renonciation à la communauté, tandis qu'il suffirait de prouver le préjudice en cas de renonciation à une succession? Et n'est-ce pas à M. Capmas lui-même que nous pourrions dire : « Est-il » réellement permis de supposer, dans l'esprit du législa- » teur, la légèreté qu'on lui prête ici ; et peut-on admettre » que les rédacteurs du code, dans la composition ra- » pide de leur ouvrage, oubliaient le lendemain, comme » des ouvriers indifférents, le travail de la veille, ne » prenant aucun souci de mettre le texte de la loi fon- » damentale qu'ils allaient donner à la France d'accord » avec leur pensée (1)? »

112. 5) Enfin, le cinquième système, qui ne diffère du nôtre que par l'explication qu'il donne de l'article 1053, se fonde sur le texte de cet article pour dire que la condition de préjudice est seule nécessaire pour que les créanciers puissent attaquer l'abandon anticipé fait par leur débiteur des biens compris dans une substitution permise, et il se fonde aussi sur ce que l'article 42 de l'ordonnance de 1747, origine de notre article 1053, n'exigeait pas non plus la fraude : Furgole, du moins, l'interprétait ainsi (2). Dans tous les autres cas, ce système exige la preuve de la fraude. Mais nous répondons à ce système que l'explication déjà donnée des articles 622

---

(1) P. 35.
(2) Sur l'ord. de 1747, p. 224.

et 788 convient aussi bien à l'article 1053 ; que, d'ailleurs, on comprendrait difficilement que deux hypothèses identiques au point de vue de l'action Paulienne,
la renonciation à un usufruit et la restitution anticipée
d'une substitution, fussent soumises à des règles différentes. Notre interprétation était, d'ailleurs, donnée par
Pothier dans l'ordonnance de 1747 (1), et cette observation répond suffisamment à l'argument que l'on prétend tirer de l'ancien droit (Cf. *supra*, n° 81).

§ III. *Des conditions de l'action Paulienne dans la personne du tiers acquéreur.*

113. Il faut ici distinguer les actes à titre gratuit et les
actes à titre onéreux. Quand il s'agit d'actes à titre gratuit, l'action Paulienne est donnée contre l'acquéreur,
c'est-à-dire contre le donataire, même de bonne foi.
Quand il s'agit d'actes à titre onéreux, elle est donnée
seulement contre l'acquéreur complice de la fraude,
c'est-à-dire qui, au moment où il traitait avec le débiteur, connaissait l'état d'insolvabilité de celui-ci. C'est
une doctrine traditionnelle qui nous vient du droit romain (2), que consacrent en matière de faillite les articles 446 et 447 du code de commerce et qui est conforme à l'équité. Le donataire *certat de lucro captando ;* il
doit donc être sacrifié aux créanciers *qui certant de damno
vitando,* tandis que l'acquéreur à titre onéreux *certat de
damno vitando* comme les créanciers et que, par conséquent, il n'y a pas de raison pour les lui préférer quand
il est de bonne foi. Il n'est d'ailleurs pas sans intérêt de
distinguer le donataire de bonne foi et le donataire de

---

(1) *Traité des substitutions,* n° 103.
(2) D. L. 6, § 8, *Quæ in fraud. cred.*

mauvaise foi; car le premier n'est tenu que *quatenus locupletior factus est*, le second est tenu de tout ce qu'il a reçu (1).

114. Les mêmes conditions sont exigées quand l'action Paulienne, au lieu d'être dirigée contre un acquéreur en premier ordre, est intentée contre un sous-acquéreur; mais l'application de cette règle demande plusieurs distinctions. Si un acquéreur à titre onéreux a transmis à un sous-acquéreur, il faut, pour savoir si l'action Paulienne est possible contre ce dernier, distinguer : si le premier acquéreur n'était pas soumis à l'action Paulienne, le second ne le sera pas non plus; si le premier acquéreur était soumis à l'action Paulienne, le second ne le sera que si les conditions de l'action se réunissent dans sa personne : mauvaise foi et acquisition à titre gratuit. Ces décisions se justifient par deux motifs :

1° Il faut que le sous-acquéreur tienne son titre d'une personne soumise elle-même à l'action Paulienne, parce que, du moment que les biens sont sortis du patrimoine du débiteur par un acte non sujet à révocation, le droit de gage des créanciers est définitivement éteint et ne peut renaître par une sous-aliénation, à moins cependant qu'à l'origine la fraude n'eût été concertée entre le débiteur qui a aliéné et le sous-acquéreur, de telle sorte que la première aliénation n'eût été qu'un moyen de dissimuler cette fraude; dans ce cas, l'action Paulienne pourrait certainement être exercée contre le sous-acquéreur; car elle doit pouvoir atteindre la fraude sous quelque forme qu'elle cherche à se cacher (2).

2° De même que le premier acquéreur n'est passible de l'action Paulienne que s'il a acquis à titre gratuit ou

---

(1) D. L. 6, § 11, *Quæ in fraud. cred.*
(2) Aubry et Rau, § 313, texte et note 19.

de mauvaise foi et à titre onéreux, de même le second acquéreur n'en est passible que si les conditions de l'action se rencontrent dans sa personne. C'est une conséquence de la nature personnelle de cette action. MM. Aubry et Rau, qui, dans leur seconde édition (1), avaient enseigné la doctrine contraire, se fondant sur la règle *resoluto jure dantis resolvitur jus accipientis*, ont eux-mêmes reconnu que cette règle était inapplicable aux actions personnelles et ils disent très-bien dans leur troisième édition : « Cette action n'est en effet ni une
» action en nullité, ni une action en rescision dans le
» sens propre de ces expressions: elle n'impugne pas en
» lui-même et dans son essence l'acte contre lequel elle
» est dirigée; lors même qu'elle est admise, elle laisse
» subsister cet acte en ce qui concerne les rapports des
» parties contractantes. Uniquement fondée sur la fraude
» commise au regard des créanciers ou sur le préjudice
» qui leur a été causé, cette action n'entraîne qu'une
» révocation purement relative, dont les effets se restrei-
» gnent aux complices de la fraude, aux auteurs du pré-
» judice. Elle ne réfléchit donc pas contre les sous-acqué-
» reurs, et elle ne peut être directement admise contre
» eux qu'autant qu'ils ont personnellement participé à la
» fraude, ou qu'en qualité d'acquéreurs à titre gratuit,
» ils se trouvent soumis à l'application de cette règle que
» nul ne doit s'enrichir aux dépens d'autrui (2). » Nous n'avons rien à ajouter à cette démonstration si complète, sinon qu'on ne concevrait pas que la bonne foi d'un sous-acquéreur ne produisît pas le même effet que celle d'un acquéreur et ne le mît pas à l'abri de l'action Paulienne comme elle y aurait mis le premier, que telle était la

(1) T. II, § 313, note 25.
(2) T. III, § 313, note 20.

doctrine du droit romain (1) et de nos anciens auteurs (2), et que rien ne montre que les rédacteurs du code Napoléon aient eu le dessein de s'en écarter (3).

Pour terminer sur les conditions requises pour l'action Paulienne dans la personne des tiers, il nous reste deux questions à résoudre : quelle est, au point de vue de l'action Paulienne, la nature de la constitution de dot et de la donation entre époux ?

115. I. La constitution de dot est-elle, au point de vue de l'action Paulienne, un acte à titre onéreux ou un acte à titre gratuit ? Faut-il, par conséquent, pour triompher dans cette action, prouver la complicité frauduleuse de celui contre lequel on agit, ou cette preuve n'est-elle pas exigée ?

Tous les auteurs sont à peu près d'accord (4) pour reconnaître que la constitution de dot est, en ce qui concerne le mari, un acte à titre onéreux ; que les créanciers du constituant ne pourront, en conséquence, intenter l'action Paulienne contre le mari que s'il est de mauvaise foi, car c'est à titre onéreux, *ad onera matrimonii sustinenda*, qu'il a reçu les biens apportés en dot : « *contra maritum autem qui ignoravit non dandam actionem, quum is indotatam uxorem ducturus non fuerit.* » C'était la doctrine du droit romain (5) et de nos anciens auteurs (6).

Au contraire, une vive controverse s'est élevée en ce

---

(1) D. L. 9 et 10, §§ 24 et 25, *Quæ in fraud. cred.*
(2) Domat, *Lois civiles*, liv. II, tit. XX, sect. 1, n° 3.
(3) Duranton, t. X, n°s 582 et 583 ; Proudhon, t. V, n° 2412 ; Marcadé, t. IV, n° 499 *bis* ; Capmas, n° 74 ; Coin-Delisle, *Revue critique*, 1853, t. III, p. 857 ; rej., 2 février 1852.
(4) Aubry et Rau, § 313, texte et note 21 ; V. cep. Duranton, t. X, n° 579 ; Capmas, n°s 49-50.
(5) D. L. 25, § 1, *Quæ in fraud. cred.*
(6) Furgole, *Traité des testaments*, ch. IX, sect. 1, n° 20.

qui concerne la femme. A son égard, la jurisprudence considère la constitution de dot comme un acte à titre onéreux, et voici les arguments qu'elle invoque. La constitution de dot est une sorte de contrat mixte, à titre gratuit du côté du constituant, à titre onéreux du côté de la femme, car, en échange de sa dot, elle accepte des charges, l'obligation de nourrir, entretenir et élever une famille, obligation à laquelle elle ne se soumettrait pas, si elle ne voyait pas dans sa dot un moyen de la supporter. C'est ainsi que le code envisage la constitution de dot, quand, à plusieurs reprises et pour la distinguer des actes à titre gratuit en général, il a soin de lui appliquer expressément certaines règles des contrats à titre onéreux : ainsi, dans les articles 1440 et 1547 où il soumet le constituant, à l'égard de la femme comme du mari, à l'obligation de garantie qui n'a pas lieu d'ordinaire dans les contrats à titre gratuit ; ainsi encore, dans l'article 959 où il déclare que la donation en faveur de mariage n'est pas révocable pour cause d'ingratitude. En faveur de cette jurisprudence, on fait valoir l'article 1395 du code Napoléon, qui décide que les conventions matrimoniales ne peuvent recevoir aucun changement après la célébration du mariage et qui serait, dit-on, violé, si la révocation de la constitution de dot pouvait avoir lieu sur la demande des créanciers. Enfin, et c'est certainement le meilleur argument de ce système, on fait valoir avec beaucoup de force les dangers que présenterait, au point de vue de la famille, l'application de l'action Paulienne contre une femme de bonne foi, complétement ignorante de la fraude ourdie par celui de qui elle tient sa dot, qui se verrait pourtant enlever les biens sur lesquels elle comptait pour faire face aux charges de son mariage (1).

(1) Cass., 14 mars 1848; Riom, 27 mars 1849.

Nous pensons néanmoins, avec la doctrine presque tout entière, que la constitution de dot doit être envisagée comme un acte à titre gratuit au point de vue de la femme et que celle-ci, par conséquent, fût-elle de bonne foi, est soumise à l'action Paulienne. En droit romain, la constitution de dot était, depuis les lois Julia et Papia Poppæa confirmées par plusieurs constitutions impériales (1), l'exécution d'une obligation civile, et cependant on la regardait comme un acte à titre gratuit envers la femme (2); comment ne serait-elle pas une libéralité, aujourd'hui que *ne dote qui ne veut* (C. N. art. 204)? Il n'est d'ailleurs pas vrai de dire que la femme se soumette, en échange de sa dot, à des obligations qui lui sont communes avec son mari et qu'à son défaut, elle est tenue de remplir seule, et que, pour cela, la constitution de dot soit, à son égard, un acte à titre onéreux; ces charges, à l'égard de la femme, ne sont pas l'équivalent de sa dot, elles sont inhérentes au mariage, et à ce point de vue, autre est la situation du mari, autre celle de la femme; pas plus dans nos mœurs que dans celles des Romains, une femme ne dira : si j'avais su ne pas avoir de dot, je ne me serais pas mariée; tandis que l'on peut dire que bien souvent le mari *indotatam uxorem ducturus non fuerit*. D'autre part, les articles 1440 et 1547 ne sont qu'une interprétation de la volonté des parties, et rien n'empêche assurément le dotateur de stipuler la clause de non-garantie; cette obligation de garantie à laquelle il est soumis à moins de convention contraire ne peut donc pas plus faire de la constitution de dot un acte à titre onéreux, que la clause de garantie

---

(1) C. L. 14, *De jur. dot.*, const. Dioclétien et Maximilen.
(2) D. L. 25, § 1, *Quæ in fraud. cred.*

à laquelle se soumettrait un donateur ne changerait sa donation en contrat à titre onéreux. L'article 959 s'explique, comme les articles 1440 et 1547, par la faveur de la constitution de dot; elle est faite surtout en faveur des enfants à naître du mariage, et on ne suppose pas que le donateur ait voulu punir des innocents pour la faute de leurs parents; car ce n'est aussi qu'une interprétation de volonté et rien n'empêche le donateur de stipuler la révocabilité pour cause d'ingratitude. Quant à l'argument tiré de l'article 1395, il y a deux raisons pour une de n'en pas tenir compte : 1° l'immutabilité des conventions matrimoniales veut dire seulement, c'est un point incontesté, que les époux ne peuvent, après la célébration du mariage, modifier les clauses de leur contrat, et ce qui prouve que cet article n'a pas d'autre but, c'est que les donations en faveur de mariage sont, comme toutes autres, révocables pour cause de survenance d'enfants, rapportables et réductibles; 2° cet argument, s'il prouvait, prouverait trop, car il en résulterait, non pas seulement que la constitution de dot ne pourrait être révoquée que contre la femme complice de la fraude, mais bien plus, que cette libéralité ne serait jamais, et en aucun cas, révocable. Mais la principale raison qui nous fait adopter ce système, c'est que faire de la constitution de dot un contrat onéreux au regard de la femme, c'est la soustraire complétement, en fait, à l'application de l'action Paulienne. Comment prouver, en effet, la fraude de la femme? Comment prouver qu'elle connaissait les affaires de son père, son insolvabilité, alors qu'en fait, on peut l'affirmer, elle ne les connaît jamais? Et alors, qui ne voit à quel point les droits des créanciers sont sacrifiés par la jurisprudence, et combien il sera facile à un père de soustraire ses biens aux poursuites de ses créan-

ciers, en les donnant en dot à sa fille', toujours parfaitement innocente de cette fraude (1)?

Si c'était la femme elle-même qui se fût constitué sa
dot, il faudrait, pour atteindre cet acte par l'action Paulienne, prouver le *consilium fraudis*, tant chez la femme
que chez le mari; et, si c'était un père qui dotât son fils,
la constitution de dot serait un contrat à titre gratuit, tant
vis-à-vis du mari que vis-à-vis de la femme.

116. II. Quant aux donations entre époux faites, soit
par contrat de mariage, soit pendant le mariage, il n'y a
pas de raisons pour ne pas les considérer comme des
actes à titre gratuit, fussent-elles réciproques et mu-
tuelles, car cette circonstance ne change pas la nature de
l'acte (arg. art. 960) (2).

CHAPITRE CINQUIÈME.

DES EFFETS DE L'ACTION PAULIENNE.

117. Nous devons étudier dans ce chapitre les effets de
l'action Paulienne : 1° par rapport au débiteur; 2° par
rapport au tiers défendeur à cette action; ces deux points
ne nous arrêteront pas longtemps; 3° par rapport aux
créanciers; mais dans cette hypothèse des difficultés graves se présentent.

§ I. Des effets de l'action Paulienne par rapport au débiteur.

118. Nous n'avons qu'un mot à dire sur ce point : la
révocation d'un acte frauduleux n'opère que d'une ma-

---

(1) Duranton, t. X, n° 579; Aubry et Rau, § 313, texte et note 23;
Capmas, n°s 49 et 50.
(2) Aubry et Rau, § 313.

nière relative; et l'objet de .t l'aliénation est ainsi révoquée ne rentre dans le patrimoine du débiteur qu'autant que cela est nécessaire pour le payement de ses créanciers. Aussi avons-nous vu dans l'article 788 que la renonciation frauduleuse à une succession « n'est annulée » qu'en faveur des créanciers et jusqu'à concurrence seu-» lement de leurs créances; elle ne l'est pas au profit de » l'héritier qui a renoncé ».

§ II. *Des effets de l'action Paulienne par rapport au tiers défendeur à cette action.*

119. Le défendeur à l'action Paulienne doit être condamné à la restitution complète de la chose et subir la rescision complète de l'acte, s'il est complice de la fraude; sinon (alors c'est à titre onéreux qu'il a acquis) il ne doit compte que de ce dont il est devenu plus riche (1). Quant à la restitution de fruits qui peut être exigée de lui et aux remboursements qui peuvent lui être dus à raison des impenses qu'il aura faites sur le fonds par lui acquis, il faut appliquer les distinctions faites dans les articles 549, 550, 555 du code Napoléon entre le possesseur de bonne et le possesseur de mauvaise foi (2), mais nous accordons au défendeur à l'action, tant de bonne que de mauvaise foi, le droit de rétention jusqu'à ce qu'il soit payé de ses impenses : l'ancien droit contenait sur ce droit de rétention une disposition générale qui paraît avoir reçu une confirmation implicite dans plusieurs dispositions du code Napoléon (V. notamment, art. 867, 1612, 1673); l'ordonnance de 1667 sur la procédure, titre XXVII, article 9, disait : « Celui qui aura été con-

(1) D. L. 6, § 11, *Quæ in fraud. cred.*
(2) Proudhon, t. V, nº 2414; Aubry et Rau, § 313.

» damné à laisser la possession d'un héritage en lui rem-
» boursant quelques sommes, impenses, espèces, amé-
» liorations, ne pourra être contraint de quitter l'héritage
» qu'après avoir été remboursé. » Relativement au défendeur à l'action Paulienne, deux questions s'élèvent :

120. 1° S'il était acquéreur à titre onéreux et qu'il ait
payé son prix au débiteur, peut-il en demander la restitution aux créanciers ? Il faut distinguer. Les deniers
payés par l'acquéreur se retrouvent-ils en nature dans le
patrimoine du débiteur, ils doivent lui être rembour-
sés ; le débiteur les a-t-il, au contraire, soustraits ou dis-
sipés, la perte retombera sur l'acquéreur. C'est la décision du droit romain (1), et elle nous paraît devoir être
suivie encore maintenant, *quia ea actione nemo fraudetur.*
Le code Napoléon la consacre d'ailleurs dans diverses
circonstances : ainsi quand il annule le payement fait au
créancier incapable de le recevoir, « à moins que le dé-
» biteur ne prouve que la chose payée a tourné au profit
» du créancier » (art. 1241) ; et quand il décide que, si un
incapable obtient d'être restitué contre les engagements
qu'il a pris, « le remboursement de ce qui aurait été, en
» conséquence de ces engagements, payé pendant la mi-
» norité, l'interdiction ou le mariage ne peut être exigé,
» à moins qu'il ne prouve que ce qui a été payé a tourné
» à leur profit » (art. 1312) (2).

121. 2° Le défendeur à l'action Paulienne qui a suc-
combé a-t-il un recours contre le débiteur redevenu plus
tard solvable ? Cette question, qui n'avait pas été prévue
par nos anciens auteurs, nous paraît devoir être résolue
par l'affirmative. De deux choses l'une, en effet : ou le

(1) D. L. 7 et 8, *Quæ in fraud. cred.*
(2) Aubry et Rau, § 313.

défendeur a désintéressé ses créanciers pour éviter la révocation, et alors il a droit à la subrogation légale comme étant tenu pour d'autres au payement d'une dette qu'il avait intérêt à acquitter (C. N. art. 1251-3°), et à ce titre il peut recourir contre son débiteur à l'aide de l'action qui appartenait aux créanciers payés ; on décidait déjà en ce sens en droit romain (1) — ou il s'est laissé condamner, et par-là la révocation a eu lieu, mais d'une manière relative, dans l'intérêt des créanciers seulement et jusqu'à concurrence de leurs créances, et nullement dans l'intérêt du débiteur ; dans les rapports du débiteur et de l'acquéreur l'acte continue à exister et indemnité est due par le débiteur à l'acquéreur : si celui-ci a acquis à titre onéreux, de mauvaise foi, par conséquent, il n'a droit qu'à la restitution du prix ; si c'est un donataire, il doit être rendu indemne (2). Nous avons déjà fait une application de cette règle dans l'article 788 (V, *supra*, n° 80).

§ III. *Des effets de l'action Paulienne par rapport aux créanciers.*

122. Ces effets doivent être examinés dans trois situations différentes : 1° concours des créanciers antérieurs à l'acte frauduleux et ayant exercé l'action Paulienne avec les créanciers également antérieurs, mais n'ayant pas exercé cette action ; 2° concours des créanciers antérieurs à l'acte frauduleux et ayant exercé l'action Paulienne avec les créanciers postérieurs ; 3° concours des créanciers ayant exercé l'action Paulienne avec les créanciers de l'acquéreur.

(1) D. L. 15 et 16, *Quæ in fraud. cred.*
(2) Capmas, n° 86.

123. A. *Concours des créanciers antérieurs à l'acte frauduleux et ayant exercé l'action Paulienne avec les créanciers
également antérieurs, mais n'ayant pas exercé cette action.*
— « Le jugement qui a admis l'action Paulienne, disent
» MM. Aubry et Rau, à la demande de l'un ou de plu-
» sieurs créanciers, ne profite point à ceux qui n'y ont
» point figuré; ceux-ci n'ont le droit de l'invoquer ni vis-
» à-vis du tiers contre lequel la révocation a été pronon-
» cée, ni au regard du créancier qui l'a obtenue (1). »
Cette solution nous paraît de tous points exacte. Il est de
principe incontesté que *res inter alios acta aliis nec nocet
nec prodest*, que la chose jugée ne peut être invoquée que
par ceux qui ont été parties au jugement ou qui y ont été
représentés. Or, les créanciers qui n'ont pas intenté l'action Paulienne n'ont pas été parties au jugement qui a
admis cette action au profit de leurs cocréanciers et ils
n'y ont pas été non plus représentés, car les créanciers
ne se représentent pas les uns les autres en pareille
matière. D'autre part, l'effet de l'action Paulienne n'est
pas tant de faire rentrer le bien aliéné dans le patrimoine
du débiteur que de le rendre saisissable comme s'il n'en
était pas sorti, et cela d'une manière toute relative et
dans l'intérêt seulement des créanciers qui demandent la
révocation, car nous avons dit plus d'une fois que le bien
aliéné ne rentre pas réellement dans le patrimoine du
débiteur et que les effets de l'action Paulienne se res-
treignent à celui qui l'exerce. Cela étant, les créanciers
qui n'ont pas agi ne peuvent ni invoquer à l'égard du
tiers acquéreur les effets de la révocation obtenue par
d'autres créanciers, car ce tiers peut toujours prétendre
que l'acquisition existe, quant à eux, tant qu'ils n'ont

(1) § 313.

11

pas démontré à leur tour qu'elle a été faite en fraude de leurs droits, alors surtout qu'il peut neutraliser les effets de la condamnation qui l'a frappé, comme il aurait pu éviter la condamnation elle-même, en désintéressant ceux qui l'ont obtenue—ni invoquer ce même jugement contre ceux qui l'ont obtenu, car ceux-ci lui répondront : c'est pour nous que nous avons agi, c'est à notre égard seulement que l'aliénation a été jugée frauduleuse; vous ne pouvez prétendre à concourir avec nous que si vous démontrez que l'aliénation a eu lieu en fraude de vos droits comme des nôtres. Les créanciers qui n'ont pas agi n'ont donc qu'un moyen de concourir à la distribution du prix des biens aliénés, c'est d'intenter à leur tour l'action Paulienne : alors ils pourront se présenter à la distribution du prix de l'immeuble et y prendre part au marc le franc, car les premiers créanciers ne peuvent se faire une cause de préférence de ce qu'ils ont les premiers intenté l'action Paulienne; ou, s'il n'est plus temps d'intervenir dans la procédure en contribution, se faire attribuer le reliquat disponible (1). D'ailleurs, par une juste réciprocité, le jugement qui repousse un créancier dans sa demande en révocation ne serait pas opposable aux autres créanciers, et ceux-ci seraient admis nonobstant à former la même demande.

124. B. *Concours des créanciers antérieurs à l'acte frauduleux et qui ont exercé l'action Paulienne avec les créanciers postérieurs.* — La question de savoir si les créanciers postérieurs auxquels, à moins de circonstances exceptionnelles, n'appartient pas l'action Paulienne peuvent prendre part au bénéfice qui en est résulté quand elle a été intentée par des créanciers antérieurs, cette question

(1) Aubry et Rau, § 313, note 35.

est vivement controversée. Dans une première opinion on adopte l'affirmative et on dit : la révocation de l'acte frauduleux fait rentrer les biens qu'elle atteint dans le patrimoine du débiteur, donc le prix doit s'en partager au marc le franc entre tous les créanciers aux termes de l'article 2093 du code Napoléon qui n'admet d'autre cause de préférence entre les créanciers que les priviléges et hypothèques; et on invoque dans le même sens l'autorité du droit romain : *eam rem in bonis debitoris mansisse*, dit Justinien pour expliquer la prétention des créanciers qui agissent par l'action Paulienne (1). Nous n'admettons pas cette opinion et nous décidons, au contraire, que le bénéfice de la révocation doit appartenir aux seuls créanciers antérieurs à l'acte frauduleux. Les mêmes raisons qui nous ont fait restreindre à ces créanciers le droit d'intenter l'action nous font réserver à eux seuls le bénéfice qui en résulte : l'action Paulienne, en effet, n'est qu'une action en indemnité, en réparation d'un préjudice causé; l'indemnité ne peut donc appartenir ni profiter qu'à ceux qui ont subi le préjudice. De quel droit les créanciers postérieurs y auraient-ils une part? Ont-ils subi un préjudice, eux qui n'ont contracté qu'avec le débiteur déjà dépouillé des biens dont l'aliénation est aujourd'hui critiquée, qui, par conséquent, n'avaient le droit de compter que sur les biens qu'ils voyaient dans ses mains? Comment le préjudice fait à d'autres pourrait-il leur donner un droit qu'ils n'auraient pas eu sans cela? Nous nions d'ailleurs que l'action Paulienne opère révocation de l'aliénation, ou du moins qu'elle l'opère d'une manière absolue. Son effet, qu'on se le rappelle, est.

(1) *Inst.*, liv. IV, tit. VI, § 6; Duranton, t. X, n° 594; Marcadé, t. IV, n° 501.

11.

relatif et ne se produit qu'au profit des créanciers qui l'intentent et non en faveur du débiteur ni de ses créanciers qui ne peuvent avoir plus de droits que lui quand ils ne sont pas dans les conditions de l'article 1167. Quant au droit de préférence, il n'en peut être question ici : il n'y a de droit de préférence que sur les biens du débiteur; or le droit pour un créancier d'intenter l'action Paulienne n'a jamais fait partie des biens du débiteur et il peut profiter exclusivement à tel ou tel créancier sans qu'on puisse dire qu'il y a en faveur de celui-là un droit de préférence; il y a là réparation d'un préjudice causé et la nature des choses veut que la réparation ne profite qu'à celui qui a subi le dommage (1). Il n'y a d'ailleurs rien d'extraordinaire à ce que des créanciers chirographaires puissent être payés sur certains objets préférablement à d'autres créanciers chirographaires : l'article 582 du code de procédure dispose que les sommes et autres objets disponibles déclarés insaisissables par un donateur ou testateur et les sommes ou pensions léguées ou données à titre d'aliments, même non déclarées insaisissables, « pourront être saisis par les créanciers postérieurs à » l'acte de donation ou à l'ouverture du legs », ce qui exclut virtuellement les créanciers antérieurs.

125. C. *Concours des créanciers qui exercent l'action Paulienne avec les créanciers du défendeur à cette action.* — Le défendeur à l'action Paulienne est insolvable : ses propres créanciers seront-ils admis à venir au marc le franc sur le produit de la vente du bien qu'il avait acquis frauduleusement et que les créanciers de l'aliénateur lui enlèvent par l'action Paulienne ? Ayant admis

(1) Aubry et Rau, § 313, texte et note 30; Capmas, n° 85; Hureaux, p. 371.

que l'action Paulienne est toujours personnelle et ne
tend qu'à la réparation d'un dommage, nous devons
décider que les créanciers demandeurs en révocation sont
créanciers de l'acquéreur au même titre que ses propres
créanciers, qu'ils doivent, par conséquent, admettre le
concours de ces derniers. En vain dirait-on que « l'action
» Paulienne se donne contre tous ceux qui sont com-
» plices, de près ou de loin, de l'acte frauduleux, ou
» seulement qui ont pu y trouver l'occasion d'un gain
» injuste ; or, il y aurait gain injuste de la part des créan-
» ciers de l'acquéreur insolvable s'ils se faisaient payer
» sur le prix d'un bien qu'ils savent n'être entré dans le
» patrimoine de leur débiteur qu'à la suite d'une fraude
» préjudiciable à d'autres créanciers; ils ne peuvent
» donc paralyser les effets d'une action qui retomberait
» sur eux-mêmes (1). » Est-ce que, en effet, il n'est pas
possible que les créanciers de l'acquéreur ignorent la
fraude qui a fait entrer dans le patrimoine du débiteur le
bien sur le prix duquel il se présente ? S'ils sont antérieurs à l'acquisition, y a-t-il quelque reproche à leur
faire et, s'ils sont postérieurs, auront-ils toujours eu
connaissance de la fraude? Cette objection, d'ailleurs,
mènerait loin et l'on pourrait dire ainsi à un sous-acquéreur de bonne foi et à titre onéreux qu'il est soumis
à l'action Paulienne, parce que cette action se donne
contre tous ceux *qui ont pu trouver dans la fraude l'occa-*
sion d'un gain injuste. Tout ce que nous accorderions,
c'est que, si les créanciers de l'acquéreur dont le titre est
postérieur à l'acquisition frauduleuse avaient eu, en
fait, connaissance de la fraude qui viciait cette acquisition, ils pourraient être traités comme des sous-acqué-

(1) Gapmas, n° 85.

reurs de mauvaise foi et repoussés dans leur demande en collocation par le principe de l'article 1167, opposé sous forme d'exception.

CHAPITRE SIXIÈME.

DES DÉLAIS DE L'ACTION PAULIENNE.

126. Toullier enseigne que le délai de l'action Paulienne, n'étant pas fixé par la loi, doit être laissé à l'arbitrage du juge, qui admettra ou rejettera cette action, suivant que, en fait, il lui paraîtra que le créancier, par son retard à l'intenter, doit être présumé y avoir renoncé (1). Cette opinion est tellement arbitraire et peu conforme à l'esprit de la loi, qu'elle n'a été reproduite par aucun auteur et qu'elle ne nous semble pas pouvoir être admise.

D'autres auteurs assignent à l'action Paulienne le délai de dix ans, édicté par l'article 1304 du code Napoléon pour les actions en nullité ou en rescision (2). Nous n'admettrons pas non plus ce système; nous répétons que l'action Paulienne n'a aucun des caractères des actions en nullité ou en rescision et se fonde sur un rapport tout personnel d'obligation entre le demandeur et le défendeur à cette action. D'ailleurs, l'article 1304 est spécial aux actions intentées par les parties elles-mêmes contre les conventions faites par elles; or les créanciers n'ont pas pris part au contrat, ils n'agissent pas du chef du débiteur, ce sont des tiers (V. *supra*, n° 69); c'est donc une raison de plus pour que l'article 1304 ne leur soit pas applicable.

---

(1) Toullier, t. VI, n° 356.
(2) Delvincourt, t. II, part. II, p. 735; Duranton, t. X, n° 585.

Nous soumettons l'action Paulienne à la prescription ordinaire des actions personnelles, celle de trente ans (C. N. art. 2262) (1). Quant à celle de dix à vingt ans (C. N. art. 2265), elle est spéciale aux actions en revendication et inapplicable, par conséquent, à l'action Paulienne qui suppose toujours un rapport personnel d'obligation; le donataire qui ignorait la fraude du donateur ne pourra donc pas, malgré son juste titre et sa bonne foi, se prévaloir de cette prescription (2).

127. Quant au point de départ de cette prescription, c'est le jour de l'aliénation frauduleuse. Écartant l'application de l'article 1304, nous repoussons par là l'opinion d'après laquelle cette prescription ne courrait que du jour où les créanciers auraient eu connaissance de l'acte fait en fraude de leurs droits (3); et nous nous référons purement et simplement à l'article 2262, pour l'application duquel il a toujours été admis que la prescription court du jour où l'action est légalement ouverte; or l'ignorance de l'acte frauduleux est un obstacle de fait qui ne peut motiver aucune suspension de prescription (4).

CHAPITRE SEPTIÈME.

COMPARAISON DE L'ACTION PAULIENNE ET DE L'ACTION SUBROGATOIRE.

128. L'action subrogatoire, ou, pour parler en termes plus clairs, le droit que l'article 1166 du code Napoléon

---

(1) Proudhon, t. V, nos 2401 s.; Aubry et Rau, § 313, texte et note 37; Capmas, n° 79.

(2) Aubry et Rau, § 313, texte et note 38.

(3) Delvincourt, Duranton, locc. citt.

(4) Aubry et Rau, § 313, texte et note 39; Capmas, n° 80.

donne aux créanciers d'exercer les droits et actions de leur débiteur, au nom et du chef de celui-ci, a de nombreux points de contact avec l'action Paulienne. Ainsi : 1° ces deux actions sont, l'une et l'autre, subsidiaires et données seulement aux créanciers qui n'ont pas d'autre moyen de se faire payer; 2° ni l'une ni l'autre n'est *solidi persecutoria*, c'est-à-dire que le droit du débiteur n'est exercé en vertu de l'article 1166, son acte frauduleux n'est révoqué en vertu de l'article 1167, que d'une manière relative et jusqu'à concurrence du montant de la créance du demandeur; 3° l'action Paulienne n'est donnée que dans le cas où le droit dont le débiteur s'est privé peut être exercé de son chef par ses créanciers.

Mais il y a entre ces deux actions des différences plus importantes. Elles tiennent 1° à leur fondement : dans le cas de l'art. 1166, il n'y a eu de la part du débiteur qu'une négligence contre laquelle ses créanciers cherchent à se mettre en garde ; dans le cas de l'art. 1167, il y a eu de sa part un acte frauduleux qui leur a porté préjudice et dont ils veulent se faire indemniser — 2° à leur but : il s'agit dans un cas de donner aux créanciers l'exercice d'un droit appartenant encore à leur débiteur; dans l'autre, de faire rentrer dans son patrimoine un droit aliéné par lui — 3° au titre auquel les créanciers agissent: en vertu de l'art. 1166 ils agissent au nom et du chef de leur débiteur, en vertu de l'art. 1167 ils agissent en leur nom personnel; ils sont des ayants cause dans le premier cas, des tiers dans l'autre — 4° au mode d'exercice des deux actions : dans le cas de l'art. 1167, ils ont besoin d'un jugement pour que leur action puisse procéder contre les tiers; dans le cas de l'art. 1166 ce jugement est inutile, l'art. 1166 lui-même est un titre pour les créanciers et

ils n'en ont pas d'autre à demander à la justice. Ce point
est d'ailleurs vivement discuté, et nous sortirions de notre
sujet en y insistant ; qu'il nous suffise de dire qu'il y a là
pour nous une différence entre les art. 1166 et 1167, et
que la jurisprudence est fixée en ce sens (1).

---

(1) Labbé, *Revue critique*, 1856, t. IX, p. 208; Bonnier, *Revue pratique*, 1850, t. I, p. 86; Rej., 23 janvier 1849; Angers, 25 août 1852.—
Contrà, Proudhon, t. V, nᵒˢ 2336 s.; Demante, *Programme*, t. II,
p. 506; Marcadé, t. IV, nᵒ 403; Aubry et Rau, t. III, § 312, texte et
note 2.

II. DROIT COMMERCIAL.

§ I.

129. L'art. 437 du code de commerce définit la faillite l'état d'un commerçant qui a cessé ses payements. Pour qu'il y ait faillite, deux conditions sont nécessaires, la qualité de commerçant, la cessation des payements : nous n'avons rien à dire sur la première de ces deux conditions qui est tout à fait en dehors de notre sujet ; nous devons, au contraire, insister sur la cessation des payements qui est la base d'un système de nullités par l'étude duquel nous nous proposons de terminer cette thèse, car il complète l'ensemble de la législation sur les actes faits par un débiteur en fraude des droits de ses créanciers. Nous rechercherons donc 1° ce que c'est que la cessation des payements ; 2° comment l'époque doit en être fixée.

130. I. La loi n'a pas déterminé les caractères de la cessation de payements, ç'a été aux auteurs et à la jurisprudence à en construire la théorie, et il ne faut pas s'étonner si elle soulève tant de questions controversées. Le code de commerce de 1807 avait voulu poser quelques règles à ce sujet : il disait dans son art. 441 que l'époque de l'ouverture de la faillite (qui est l'époque à laquelle correspond dans le code de 1838 la cessation des payements, V. *infra*, nos 134 et 136) serait fixée « soit » par la retraite du débiteur, soit par la clôture de ses » magasins, soit par la date de tous actes constatant le » refus de payer ou d'acquitter des engagements de com-

» merce. » Mais les circonstances de fait jouent un si grand rôle dans cette détermination, qu'à tout prendre il valait mieux en laisser l'application à l'arbitraire des juges consulaires, éclairés par leur expérience personnelle et la pratique des affaires : « *ad probandam direc-* » *tionem,* dit Casaregis, *non est certa regula in jure deter-* » *minata.* » On peut dire qu'il y a cessation de payements quand les affaires du débiteur sont dans un état tel qu'une plus longue attente entraînerait l'anéantissement ou tout au moins une diminution progressive du gage des créanciers, et il va sans dire que ce n'est point par une enquête que cet état peut être constaté, car ce serait le meilleur moyen de le faire naître alors qu'il s'agit seulement de savoir s'il existe, et de ruiner un crédit qui peut-être n'est pas encore perdu. Le tribunal de commerce (c'est à lui seul qu'il appartient de déclarer la faillite et, par conséquent, de déterminer l'époque de la cessation des payements, art. 441; V. *infra,* nos 133 et 137-139) sera guidé dans son appréciation par les circonstances de fait, protêts, poursuites, saisies, en un mot par ce qui caractérise un refus de payements. Ainsi, d'une part, il ne faut pas confondre avec les refus de payements les exceptions légitimes, les contestations sérieuses qu'opposerait un débiteur aux créanciers qui le poursuivent; et un véritable refus de payements, s'il était le résultat d'une crise commerciale, de circonstances défavorables qui pèsent sur tout le commerce en général, ne suffirait pas à motiver une mise en faillite; mais, d'autre part, il n'est pas nécessaire que les dettes non payées dépassent le montant des dettes acquittées et encore moins que le débiteur refuse tous les payements qu'il doit, car autrement il lui suffirait, pour échapper à la faillite, de payer la plus modique de ses dettes. En un mot, c'est plutôt au caractère qu'au nombre des refus qu'il faut s'attacher pour reconnaître s'il y a une cessation de payements de nature à faire déclarer une faillite. Mais trois questions surtout ont fait naître une vive controverse.

131. 1° Le refus de payer les dettes civiles peut-il entraîner une mise en faillite? Mettons d'abord hors de discussion deux cas qui ne nous paraissent pas douteux : il y aurait cessation de payements dans le sens de l'article 437, si les saisies amenées par le refus de payer des dettes civiles portaient sur la généralité de l'actif du débiteur et le mettaient hors d'état de faire honneur à ses engagements commerciaux (1); et, s'il y avait à la fois refus de payer des dettes civiles et des dettes commerciales, les premières devraient être prises en considération pour faire déclarer la faillite (2). Mais il nous semble que le seul refus de payer des dettes civiles, alors que les saisies faites en conséquence de ce refus ne portent pas sur l'ensemble de l'actif et n'occasionnent pas d'interruption dans le payement des dettes de commerce, ne suffit pas à autoriser une déclaration de faillite. Cette doctrine paraissait devoir être admise sans difficulté sous l'ancien code de commerce dont l'article 441 disait, en parlant de la cessation de payements : « Son époque est » constatée soit par la date de tous actes constatant le » refus d'acquitter ou de payer des engagements de com- » merce..... » En 1838 cette disposition a été supprimée, non pas pour faire disparaître toute différence entre les engagements de commerce et les dettes civiles, mais pour laisser d'une manière plus complète au juge l'apprécia-

(1) Renouard, *Traité des faillites*, t. I, p. 274; Demangeat sur Bravard, *Traité des faillites*, p. 20, note 1.
(2) Bravard, p. 21; Alauzet, *Commentaire du code de commerce*, t. IV, n° 1636; Rouen, 14 mai 1863.

tion des faits d'où l'on peut induire la cessation de payements dans le sens légal de ce mot. On peut donc encore
argumenter de l'ancien article 441, et cet argument se
corrobore par une double considération : les dettes commerciales seules sont assez nombreuses et leurs échéances
assez rapprochées pour qu'il puisse y avoir dans l'acquittement de pareilles dettes une cessation ou une continuation; et puis les commerçants seuls peuvent être mis en
faillite et il serait singulier que cette mesure exceptionnelle résultât d'engagements qui n'ont pas le caractère
commercial, qu'ils n'ont pas pris comme commerçants;
car il résulte de l'article 631 du code de commerce que les
transactions entre négociants et surtout les transactions
entre un commerçant et un non commerçant ne sont
actes de commerce que si elles sont faites dans l'intérêt
du commerce de l'un d'eux. Nous devons dire cependant
que, si presque tous les auteurs sont en notre sens, la
jurisprudence s'est prononcée pour l'opinion contraire (1).

132. 2° Peut-il y avoir mise en faillite alors même
qu'il n'y a pas eu de refus de payements bien caractérisés
ni d'actes qui les constatent? L'ancien article 441 paraissait faire de ces actes la condition d'une cessation de
payements qui pût faire déclarer une faillite; car « son
» époque est fixée, disait-il, par la date de tous actes
» constatant le refus de payer ou d'acquitter des engage-
» ments de commerce », et encore aurait-on pu soutenir
que, dans le cas où le failli venait lui-même déclarer le
fâcheux état de ses affaires, cette déclaration pouvait,
sans même qu'il y eût eu refus matériel d'aucun paye-

(1) Bedarride, *Traité de la faillite*, t. I, n° 10; Massé, *Le droit commercial*, t. II, n° 151; Dalloz, *Jurisprudence générale*, v° *Faillite*, n° 60;
Delamarre et Lepoitvin, *Traité de droit commercial*, t. VI, p. 50; Alauzet,
t. IV, n° 1630; Bravard, p. 18; Nancy, 30 juillet 1842.

ment, autoriser la mise en faillite; car cet article disait, en mettant sur la même ligne la cessation de payements et la déclaration par le failli de son état : « Tous les » actes ci-dessus mentionnés ne constateront néanmoins » l'ouverture de la faillite que lorsqu'il y aura cessation » de payements ou déclaration du failli (2). »

Mais cet article a été supprimé, et l'esprit de la loi qu'on pouvait déjà faire prévaloir contre la lettre n'est plus aujourd'hui contredit par aucun texte. Nous croyons donc qu'un commerçant peut être déclaré en état de cessation de payements, et par suite en faillite, alors même qu'il n'a encore refusé aucun payement. Le nouvel article 437 se borne à dire que la faillite est l'état de cessation de payements, et le nouvel article 441 laisse au tribunal de commerce le soin de décider si et à quelle époque elle a eu lieu; or, il résulte de là que le législateur n'a entendu fixer au juge aucune règle sur ce point et lui a permis de reconnaître la cessation de payements à tous les indices qui, dans la vie commerciale, révèlent la détresse d'un négociant : les protêts, les saisies, les actes de poursuite en général ne sont en effet que des indices, et on ne verrait pas pourquoi des indices tout aussi graves et tout aussi probants n'auraient pas le même poids dans l'esprit des juges. Si, en effet, comme dans une affaire sur laquelle la Cour de Paris s'est prononcée le 16 avril 1856, le commerçant a arrêté ses livres, fermé sa caisse, restitué à ses fournisseurs et en les indemnisant des fournitures non payées, réalisé des valeurs, mis en vente ses immeubles, payé les créanciers les plus pressants et donné des à-compte aux autres, etc., il est impossible de ne pas reconnaître qu'il y a là une

(1) Demangeat sur Bravard, p. 23, note 1.

cessation de payements, c'est-à-dire un état désespéré des affaires du débiteur, un état qui, si l'on n'y met fin, anéantira ou amoindrira le gage des créanciers, et que le tribunal a dans ce cas le droit de déclarer la faillite pour que les conséquences juridiques s'en produisent sans retard. Autrement, il serait presque toujours possible à un débiteur d'échapper à la mise en faillite et de rendre vaine la sage prévoyance qu'a eue le législateur d'organiser cette procédure protectrice de l'intérêt des créanciers et, dans une certaine mesure, de l'ordre public. Qui pourrait d'ailleurs réclamer contre cette déclaration de faillite? Le débiteur? Mais presque toujours les indices sur lesquels on le déclare en état de cessation de payements, c'est lui qui les a fournis, c'est sa précipitation frauduleuse à mettre ce qui lui reste d'actif hors de l'atteinte de ses créanciers qui a donné l'éveil à eux ou à la justice; il n'est donc pas recevable à se faire, pour écarter la mesure qui le menace, une arme de la fraude à l'aide de laquelle il cherchait à l'éluder. Les tiers atteints par les nullités que nous expliquerons bientôt en détail? Ou ce sont ces nullités qui n'atteignent que les tiers de mauvaise foi, et alors, s'ils en sont frappés, ils ne doivent s'en prendre qu'à eux; ou ces nullités atteignent les tiers même de bonne foi, et alors il leur reste le droit de contester l'époque à laquelle le tribunal a fixé l'époque de la cessation des payements (C. de c. art. 581; V. *infra*, n° 134) (1).

133. 3° Un commerçant qui n'a qu'un seul créancier peut-il être mis en faillite? L'affirmative ne fait plus de doute aujourd'hui, quoique le tribunal de commerce de

---

(1) Bravard, p. 21; Bourges, 18 août 1845; Paris, 14 décembre 1846; Lyon, 31 août 1847; Paris, 16 avril 1856. — *Contra* Orléans, 15 mai 1844.

la Seine (27 décembre 1838) et la Cour de Paris (30 mai 1838) aient jugé la négative. Ce dernier système permettrait, en effet, au débiteur, d'échapper à la mise en faillite en désintéressant tous ses créanciers, moins un, et de priver par là ce dernier, le plus favorable pourtant, des droits qui résultent pour les créanciers du jugement déclaratif, à savoir le dessaisissement du failli et les nullités qui résultent de la cessation des payements; d'autant mieux que le droit d'un créancier ne peut pas dépendre, en principe, de ce qu'il est seul ou de ce qu'il y en a d'autres que lui. Ajoutons enfin que, par cela seul qu'un créancier unique se présente pour requérir une déclaration de faillite, ce n'est pas une raison pour qu'il n'en existe pas d'autres, et la question revient alors à se demander si la faillite peut être déclarée quand il n'y a qu'un créancier connu. Ainsi posée, elle ne peut être résolue qu'affirmativement (1).

134. II. L'article 441 du code de commerce dispose que : « Par le jugement déclaratif de faillite, ou par ju- » gement ultérieur, sur le rapport du juge-commissaire, » le tribunal déterminera, soit d'office, soit sur la pour- » suite de toute partie intéressée, l'époque à laquelle a » eu lieu la cessation de payements. A défaut de déter- » mination spéciale, la cessation de payements sera ré- » putée avoir eu lieu à partir du jugement déclaratif de » la faillite. » C'est donc le tribunal de commerce qui, par le jugement déclaratif de faillite ou par un jugement ultérieur rendu sur le rapport du juge-commissaire (C. de c. art. 580 et 581), fixe l'époque à laquelle re-

---

(1) Dalloz, n° 75; Massé, t. II, n° 1150; Renouard, t. I, n° 58; Alauzet, t. IV, n° 1038; Delamarre et Lepoitvin, t. VI, n° 27; Bravard, p. 25; Rej.. 7 juillet 1841; Rouen, 22 juin 1842.

monte la cessation de payements. Et, comme cette
époque a une très-grande importance ison des nullités auxquelles elle donne lieu pour l'   ir et même pour
le passé, les créanciers ont le droit d'attaquer la fixation
qui en a été faite, jusqu'à la clôture du procès-verbal
d'affirmation des créances (art. 581). Mais si, en fait,
cette époque avait été mal fixée, il ne pourrait pas y
avoir lieu, de ce chef, à la cassation du jugement ou de
l'arrêt d'appel, car cette fixation ne peut être établie que
par l'ensemble des faits de la cause, et la Cour de cassation ne connaît pas des questions de fait (1). Du reste, le
tribunal lui-même n'est pas lié par la fixation qu'il a faite,
elle n'est que provisoire et, si de nouveaux renseigne-
ments surviennent, il peut la modifier, soit en avançant,
soit en reculant l'époque, et cela, qu'il l'ait fixée par le
jugement déclaratif de faillite ou par jugement ultérieur (2). Quant à la fixation elle-même, le tribunal jouit
d'une entière liberté pour en décider d'après les circonstances de fait, et les indications que contenait à ce sujet
l'ancien article 441 n'ont pas été reproduites dans le
code de 1838. Mais on est à peu près d'accord que
l'époque de la cessation des payements doit être fixée au
premier, c'est-à-dire au plus ancien des faits multipliés
d'où elle résulte : « on s'exposerait, par la décision con-
» traire, à encourager un abus que la loi a voulu proscrire,
» celui de prolonger, au détriment de l'actif, une situa-
» tion trop gravement compromise pour qu'elle puisse
» se relever » (3). Si la jurisprudence antérieure à 1838
hésitait sur ce point, cela tenait à ce que le dessaisissement du failli commençait à l'ouverture de la faillite

---

(1) Rej., 12 mai 1841.
(2) Bédarride, t. 1, n° 68; Bravard, p. 104.
(3) Bédarride, t. I, n° 68.

(ancien art. 442), au lieu qu'il ne commence plus aujourd'hui qu'au jugement déclaratif (nouvel art. 443); les nullités qui en résultent sont, d'ailleurs, beaucoup moins absolues qu'elles ne l'étaient avant 1838 (V. *infra*, nº 136) et il n'y a donc plus de raisons pour ne pas faire remonter au premier des actes, d'où résulte la cessation de payements l'époque de cette cessation (1). Enfin, si le tribunal de commerce avait omis de fixer l'époque de la cessation des payements, elle serait, dit l'article 441, réputée avoir eu lieu à partir du jugement déclaratif, à moins que le commerçant déclaré en faillite ne fût un commerçant décédé (art. 437), auquel cas la cessation de payements serait censée remonter au jour de son décès (2).

135. — Les développements qui précèdent étaient un préliminaire indispensable de l'explication des articles 446-449 du code de commerce qui contiennent le système de nullités que nous voulons étudier ici, nullités qui dérivent de la cessation des payements. Nous devons insister maintenant sur l'objet, l'histoire et le caractère de ces nullités.

En matière civile, le législateur a pu sans danger se borner à prononcer au profit des créanciers la révocation de tout acte fait par leur débiteur en fraude de leurs droits, car ils ne sont, en général, ni assez nombreux ni assez éloignés pour que ces procès en révocation soient très-fréquents, les frais qu'ils occasionnent très-considérables, et la preuve de la fraude très-difficile; les créanciers sont d'ailleurs en faute de n'avoir pas pris de sûretés spéciales, et *jura vigilantibus subveniunt, non dor-*

---

(1) Bravard, p. 191.
(2) Renouard, t. 2, p. 280; Bédarride, t. I, nº 70; Alauzet, t. IV, nº 600; Bravard, p. 195.

mientibus. En matière commerciale, l'application de l'action Paulienne n'aurait pas suffi : d'une part, les conditions du crédit commercial, la nature et la rapidité des opérations ne permettent pas aux créanciers de s'assurer des hypothèques; et, d'autre part, les obliger à prouver la fraude serait exiger d'eux l'impossible, multiplier les procès et, par des frais énormes, absorber une grande partie de l'actif. « Le législateur a dû se montrer rigou-» reux contre tous les actes qui, au moment où la » faillite est sur le point d'éclater, n'ont presque toujours » d'autre objet que de soustraire, soit au profit du failli, » soit au profit de quelques complices intéressés, des » biens qui, étant le gage de tous les créanciers, doivent, » à moins d'une cause légitime de préférence, être éga-» lement répartis entre tous » (1). Aussi, au lieu d'exiger la preuve de la fraude, le législateur a-t-il sagement fait de la présumer dans certaines circonstances, à des conditions déterminées, et en mesurant ses rigueurs suivant la gravité des actes à frapper. Tel est le but des articles 446-449 du code de commerce. Il faut, d'ailleurs, remarquer que l'article 1167 du code Napoléon pourra encore être une ressource pour les créanciers; les nullités prononcées par le code de commerce n'atteignent, en effet, que les actes passés par le failli depuis la cessation des payements ou dans les dix jours qui précèdent; or, si plus de dix jours avant il a fait quelque acte préjudiciable à ses créanciers, ceux-ci peuvent, aux conditions requises par le droit civil et que nous avons expliquées en détail, attaquer les actes faits en fraude de leurs droits (2). Mais ce qu'il est essentiel de remarquer, c'est

---

(1) Capmas, n° 19.
(2) Renouard, t. I, p. 364.

qu'autre serait le résultat de cette action, autre le résultat des nullités prononcées par le code de commerce. On
a vu que les créanciers antérieurs à l'acte frauduleux
peuvent seuls intenter l'action Paulienne et que les
créanciers postérieurs n'ont point de part au bénéfice de
cette action (V. *supra*, nᵒˢ 66 et 124) ; au lieu que les nullités dérivant des articles 446-449 du code de commerce
se prononcent au profit de la masse et profitent à tous
les créanciers sans distinction (1).

136. La première origine de ces articles 446-449 se
trouve dans un règlement adopté en 1667 par les commerçants de la ville de Lyon, homologué le 7 juillet 1667
par arrêt du Conseil, et portant que « toutes cessions et
» transports sur les effets du failli seront nuls s'ils ne sont
» faits dix jours au moins avant la faillite publiquement
» connue. » Mais ce règlement était spécial à la ville de
Lyon.

La première disposition générale sur la matière est
l'article 4, titre XI, de l'ordonnance de 1673 sur le commerce : « Déclarons nuls tous transports, cessions, ven-
» tes et donations de biens meubles ou immeubles faits
» en fraude des créanciers. Voulons qu'ils soient rappor-
» tés à la masse commune des effets. » Quel que fût le
sens de cette disposition ambiguë, qu'elle établît une
nullité de plein droit (2) ou une nullité subordonnée à la
preuve de la fraude (3), elle avait besoin d'être expli-
quée. Une déclaration de 1702, qui paraît d'ailleurs n'a-
voir pas été enregistrée dans tous les parlements, inter-

(1) Demangeat sur Bravard, p. 212, note 1 ; p. 221, note 1.
(2) Bravard, p. 205.
(3) Locré, *Esprit du code de commerce*, t. III, p. 87 ; Massé, t. II,
nᵒ 1213 ; Bédarride, t. I, nᵒ 101 ; Demangeat sur Bravard, p. 206, note 1.

préta ou modifia l'ordonnance de 1673 en exprimant
formellement que : « toutes cessions ou transports sur les
» biens des marchands qui font faillite seront nuls et de
» nulle valeur s'ils ne sont faits dans les dix jours au
» moins avant la faillite publiquement connue, » et, du
reste, elle ajoutait à l'ordonnance de 1673 en compre-
nant au nombre des actes nuls de plein droit l'hypothèque
dont jusque-là il n'avait pas été fait mention : « comme
» aussi les actes ou obligations qu'ils passeront devant
» notaires au profit de quelques-uns de leurs créanciers
» ou pour contracter de nouvelles dettes, ensemble les
» sentences qui seront rendues contre eux n'acquerront
» aucune hypothèque ni préférence sur les créanciers
» chirographaires, si lesdits actes et obligations ne sont
» passés et lesdites sentences rendues dix jours au moins
» avant la faillite publiquement connue. »

Les rédacteurs du code de commerce de 1807 conser-
vèrent en principe le système de l'ancien droit; seulement deux modifications y furent apportées. La première
consista à changer le point de départ de ces nullités : sous
le règlement de 1667 et la déclaration de 1702, c'était
la faillite publiquement connue, la notoriété de la faillite;
sous la loi de 1807, ce fut l'ouverture de la faillite telle
qu'elle était déterminée par les circonstances indiquées
par l'ancien article 441 que nous avons rappelé plusieurs
fois, et cela qu'il y eût ou non notoriété. La seconde innovation fut de faire commencer le dessaisissement du failli
à l'ouverture de la faillite, d'où il résulta que les nullités
en question qui, jusque-là, s'étaient appliquées tant aux
actes postérieurs à la faillite devenue notoire qu'aux
actes passés dans les dix jours précédents, ne s'appliquèrent plus qu'aux dix jours précédents, les actes faits
depuis la faillite étant nuls en vertu d'un autre prin-

cipe, celui du dessaisissement. Cela explique comment, dans les articles 443-446 (ancien texte) correspondant aux articles 446-449 actuels, il n'est jamais question que d'actes faits dans les dix jours qui précèdent l'ouverture de la faillite. Ajoutons, pour terminer sur le code de 1807, qu'on peut lui faire un reproche d'avoir exagéré ses rigueurs à l'égard des actes faits en fraude des créanciers de la faillite, et de n'avoir pas nettement déterminé à quels actes s'appliquent les nullités de plein droit, pour quels actes, au contraire, la mauvaise foi des tiers est la condition de la nullité.

Lors de la révision de 1838, plusieurs changements furent apportés à cet état de choses : 1° le dessaisissement fut reporté à la date du jugement déclaratif, et alors les nullités dérivant de l'ouverture de la faillite s'appliquèrent tant aux actes postérieurs à cette ouverture qu'aux actes passés dans les dix jours qui précèdent; 2° l'ouverture de la faillite fut remplacée par la cessation des payements et la condition de notoriété mise de côté après une longue discussion (1); 3° la rigueur du code de 1807 fut adoucie en plusieurs points, et la ligne de démarcation mieux fixée entre les nullités de plein droit et les nullités subordonnées à la mauvaise foi des tiers. C'est la législation qui nous régit aujourd'hui.

Pour compléter cet historique de nos articles, il nous reste à dire un mot des phases diverses par lesquelles a passé la nullité de l'inscription hypothécaire prise sur les immeubles du failli depuis la cessation des payements et dans les dix jours qui précèdent, mais nous le renvoyons à l'explication de l'article 448 (V. *infra*, n° 158).

137. Les nullités que prononcent les articles 446-449

---

(1) Bédarride, t. I, n° 61 ; Demangeat sur Bravard, p. 190, note 2.

n'existent que par rapport à la masse, et non relativement au débiteur : l'article 446 le dit formellement pour
celle qu'il édicte : « Sont nuls et de nul effet relativement
» à la masse... » et, si les autres articles ne le disent pas,
cela ne fait aucun doute, car ils sont l'application des
principes généraux sur l'action Paulienne (V. *supra*,
nº 118). La jurisprudence a eu plus d'une fois à en faire
l'application : ainsi il a été jugé que, si un commerçant
et sa femme, depuis la cessation des payements ou dans
les dix jours précédents, s'engagent solidairement envers
un tiers, l'exécution de cette obligation pourra être re-
quise contre le mari commerçant sur ce qui reste disponible après le règlement de sa faillite, contre sa femme
immédiatement sur ses biens personnels et sur les reprises qu'elle peut exercer contre la masse de la faillite
conformément aux articles 557-564 du code de commerce (1) — que le failli concordataire ne peut pas demander la radiation de l'hypothèque qu'il a constituée étant
en état de cessation de payements ou dans les dix jours
qui ont précédé et qui a été, comme telle, annulée relativement à la masse (2) — enfin que les syndics de la faillite
sont seuls recevables à proposer les nullités édictées par
les articles 446-449 (3).

138. Mais ces nullités qui sont les conséquences de la
cessation de payements peuvent être aussi considérées
comme un effet rétroactif du jugement déclaratif de faillite. Aussi ne peuvent-elles exister que si un jugement
déclaratif a été prononcé. Il résulte de là deux conséquences pratiques importantes : la première, que ces

---

(1) Orléans, 16 juin 1852.
(2) Rej., 15 juillet 1857 ; Douai, 17 février 1859.
(3) Cass., 17 juillet 1861.

nullités ne sont applicables qu'en matière de faillite et
non pas en matière de déconfiture ; la seconde, qu'alors
même qu'il s'agit d'un commerçant dont les payements
ont cessé, ces nullités ne peuvent être prononcées que
s'il est intervenu un jugement déclaratif de faillite.

139. I. Nous disons d'abord que ces nullités ne sont
applicables qu'à la matière des faillites. — La déconfiture est un état auquel il est fait allusion dans plusieurs
articles du code Napoléon (V. notamment art. 1276,
1446, 1613, 1865-4°, 1913, 2003, 2032), et qui se rapproche à plusieurs égards de la faillite : on peut dire jusqu'à un certain point que c'est la faillite d'un non-commerçant. Il ne faut pas toutefois confondre la faillite et la
déconfiture : il y a déconfiture quand il y a insolvabilité
ou tout au moins sujet de croire à l'insolvabilité d'un
non-commerçant ; au contraire, la faillite est l'état de
cessation de payements et il peut y avoir cessation de
payements, quoiqu'on l'ait contesté, sans insolvabilité.
Ainsi, l'on peut mettre en faillite un homme à qui l'on
connaît plus de biens que de dettes, mais qui a été obligé
de suspendre ses payements, de même qu'une personne
dont le passif surpasse l'actif mais à qui son crédit permet de continuer ses payements, ne sera pas mise en faillite quoique insolvable. Or, la déconfiture ne produit d'effets spéciaux que ceux qui lui sont attribués par les dispositions précitées et autre est l'organisation de la faillite, autre celle de la déconfiture. « Dans la faillite, la loi
» protége d'office contre la fraude tous les créanciers,
» *etiam dormientes*, en dessaisissant le failli de l'adminis-
» tration de ses biens pour en revêtir les syndics ; dans
» la déconfiture, chaque intéressé veille seul à ses pro-
» pres intérêts, et provisoirement le débiteur conserve la
» libre administration et disposition des biens. En un mot,

» les prohibitions, les présomptions de fraude mention-
» nées dans les articles 446 et 447, et le dessaisissement
» de plein droit prononcé par l'article 443 n'atteignent
» pas le débiteur en déconfiture; le failli seul en est at-
» teint (1) », et de même une inscription hypothécaire
peut être prise sur les immeubles d'un non-commerçant
notoirement insolvable (2).

Quid en cas de cession de biens? La cession de biens
volontairement acceptée ou judiciairement prononcée
peut produire des effets analogues à ceux du dessaisissement qui résulte du jugement déclaratif de faillite; et,
par exemple, le débiteur qui aurait été admis au bénéfice
de cession de biens ne pourrait pas donner d'hypothèque
sur ses biens; ce droit serait incompatible avec celui que
l'article 1269 du code Napoléon confère aux créanciers
de les faire vendre à leur profit et d'en percevoir les revenus jusqu'à la vente. Mais les présomptions de fraude
édictées par les articles 446-449 y seraient inapplicables
et, par conséquent, un créancier qui aurait obtenu hypothèque du débiteur avant la cession de biens pourrait encore l'inscrire après et malgré cette cession, car le texte
de la loi ne le prohibe qu'en matière de faillite et les dispositions prohibitives ne s'étendent pas par analogie (3).

140. II. Non-seulement il faut, pour l'application
de ces dispositions de rigueur, qu'on soit en matière de
faillite, mais il faut, du moins en pareil cas, qu'un jugement ait été prononcé qui déclare la faillite ouverte. Mais

---

(1) Delamarre et Lepoitvin, t. VI, p. 8.
(2) Aubry et Rau, t. V, § 582; Merlin, *Rép.*, v° *Inscription hypothé-*
caire, § III, n° 13 *bis*, et § XII; Troplong, *Traité des priviléges et hypo-*
thèques, t. III, n° 661; Pont, *Traité des priviléges et hypothèques*, t. II,
n°s 621 et 870.
(3) Troplong, t. III, n° 662; Pont, t. II, n°s 621 et 877.

c'est là un point vivement controversé, et la jurisprudence ne fait aucune difficulté d'appliquer les articles
446-449 en l'absence de jugement déclaratif; et ainsi, en
pratique, un tribunal civil peut prononcer la nullité d'une
constitution d'hypothèque par cette raison que le débiteur qui la constitue ou sur qui on l'inscrit est en état de
cessation de payements, quand même un tribunal de commerce n'aurait pas déclaré la faillite (1). On a, pour soutenir cette thèse, deux arguments : d'abord la plénitude
de juridiction qui appartient aux tribunaux civils; qu'il
nous suffise de répondre à cet argument que nous ne
voyons pas comment on peut reconnaître aux tribunaux
civils une plénitude de juridiction qui consisterait en ce
qu'ils auraient virtuellement compétence partout où la
loi aurait attribué compétence à un tribunal de commerce
—ensuite le texte de la loi : à la différence du dessaisissement qui est présenté par l'article 443 comme une conséquence du jugement déclaratif de faillite, les nullités
édictées par les articles 446-449 sont déclarées par la loi,
dans chacun de ces articles, résulter de la cessation de
payements, sans qu'il y soit question du jugement déclaratif de faillite. Mais, qu'on y prenne garde, il est dit
dans l'article 446 : « Sont nuls et sans effets relativement
» à la masse, lorsqu'ils auront été faits par le débiteur
» depuis l'époque déterminée par le tribunal de com-
» merce comme étant celle de la cessation des paye-
» ments.... » Par quel tribunal? Évidemment par celui
dont il a été question dans l'article 440 : « La faillite sera
» déclarée par jugement du tribunal de commerce.... »,
et dans l'article 441 : « Par le jugement déclaratif de
» faillite ou par jugement ultérieur rendu sur le rapport

---

(1) Rej., 4 décembre 1854; Cass., 15 mai 1854.

» du juge-commissaire, le tribunal déterminera, soit
» d'office, soit sur la poursuite de toute partie intéressée,
» l'époque à laquelle a eu lieu la cessation de paye-
» ments. » Comment croire que, sans que rien révèle un
changement d'idées, il soit question dans les articles
440 et 441 d'un tribunal de commerce, dans l'article
446 d'un tribunal civil? Il nous paraît vrai de dire avec
M. Demangeat que « la rédaction de la loi répugne véri-
» tablement à l'idée qu'un tribunal civil puisse, en l'ab-
» sence d'un jugement déclaratif de faillite, déterminer
» l'époque où un commerçant aurait cessé ses payements
» et, par voie de conséquence, annuler les actes faits
» depuis cette époque ». D'ailleurs, il faut le dire, si la
jurisprudence est entrée dans cette voie, c'est sous l'influence d'une autre considération : elle a voulu, pour
mieux assurer l'indépendance de la juridiction criminelle
à l'égard de la juridiction civile ou commerciale, que les
peines de la banqueroute pussent être prononcées en
l'absence de jugement déclaratif de faillite, et, cela
admis, elle a dû, pour être conséquente, admettre que
les autres effets de la cessation de payements pourraient s'appliquer sans qu'il y eût de faillite déclarée.
Quant à nous qui ne voyons, tant s'en faut, aucune
nécessité à ce qu'on puisse déclarer banqueroutier un
commerçant qui n'est pas juridiquement failli, nous
croyons tout au contraire cette pratique illégale (1), et
nous n'admettons en aucune façon que là où il n'y a pas
faillite, les conséquences de la faillite puissent se produire (2). M. Bravard, qui se prononce pour le système

(1) Delamarre et Lepoitvin, t. VI, n° 26; Demangeat sur Bravard,
p. 38, note 2; p. 685-708; *Revue pratique*, 1863, t. XVI, p. 337; Tré-
butien, *Droit criminel*, t. II, p. 68; Liége, 28 janvier 1828.
(2) Delamarre et Lepoitvin, t. VI, n° 26; Massé, t. II, n°s 1160-1167;
Demangeat sur Bravard, p. 68, note 2, p. 107, note 2.

de la jurisprudence, reconnaît pourtant que les nullités édictées par les articles 446 et suivants sont comme un effet rétroactif du jugement déclaratif (1); comment se fait-il qu'il admette qu'elles peuvent se produire en l'absence d'un jugement déclaratif, alors que le dessaisissement ne peut résulter que de ce jugement?

§ II.

Première classe de nullités.

141. L'article 446 du code de commerce est ainsi conçu : « Sont nuls et sans effet relativement à la masse,
» lorsqu'ils ont été faits par le débiteur depuis l'époque
» déterminée par le tribunal comme étant celle de la ces-
» sation de ses payements, ou dans les dix jours qui
» auront précédé cette époque : tous actes translatifs de
» propriété mobilière ou immobilière à titre gratuit; tous
» payements, soit en espèces, soit par transport, vente,
» compensation ou autrement, pour dettes non échues; et
» pour dettes échues, tous payements faits autrement
» qu'en espèces ou effets de commerce; toute hypothèque
» conventionnelle ou judiciaire et tous droits d'antichrèse
» ou de nantissement constitués sur les biens du débiteur
» pour dettes antérieurement contractées. »

La nullité prononcée par cet article est une nullité absolue et de plein droit : pour savoir si elle doit être prononcée, le juge n'a qu'une chose à examiner, la date de l'acte; dès là qu'il remonte à une époque postérieure à la cessation des payements ou aux dix jours antérieurs, il est nul, quelle qu'ait été la bonne foi des tiers. Le caractère de ces nullités est donc le même que celui des

(1) P. 212.

nullités résultant du dessaisissement pour l'époque postérieure au jugement déclaratif (art. 443 et 448, § 1).
Trois classes d'actes en sont frappées : 1° les actes à titre
gratuit, 2° les payements, 3° les hypothèques et les droits
d'antichrèse ou de nantissement pour dettes antérieurement contractées. Ces actes, en effet, font sortir une
valeur de la masse des biens sans y faire entrer aucun
équivalent; et, d'autre part, le débiteur n'a pas pu loyalement les faire dans l'état de détresse où il se trouve. Ce
sont les motifs de cette nullité absolue. Reprenons successivement ces trois classes d'actes.

I. *Actes à titre gratuit.*

142. L'article 446 s'exprime ainsi : « Tous actes trans-
» latifs de propriétés mobilières ou immobilières à titre
» gratuit.... »

« *Actes translatifs de propriétés....* » Ces expressions ont
été justement critiquées comme ne rendant pas exacte-
ment la pensée de la loi : ce sont, en effet, tous les actes
à titre gratuit qu'atteint l'article 446, obligations contractées par le failli *animo donandi*, remises de dettes, constitutions de servitude ou d'usufruit, renonciations aux mêmes
droits, constitutions d'hypothèque pour la dette d'un
tiers, renonciations à une hypothèque qui garantissait
la propre dette du débiteur, etc.... Cette interprétation
de l'article 446 qui n'a pas besoin d'être justifiée résulterait, s'il le fallait, de l'article 447, qui atteint d'une nullité particulière et moins radicale les actes à titre onéreux,
sans distinction, ce qui prouve que l'article 446 a rapport
à tous les actes à titre gratuit, aussi sans distinction (1).

_____

(1) Bravard, p. 216; Demangeat sur Bravard, p. 216, note 1.

« *Mobilières ou immobilières....* » L'ancien texte (art. 443) parlait seulement des actes à titre gratuit translatifs de propriété immobilière. Craignait-il qu'à défaut de disposition expresse on n'appliquât pas la nullité qu'il prononçait aux actes translatifs de la propriété des immeubles, car ces sortes de biens sont ordinairement en dehors des spéculations commerciales (1)? Voulait-il, au contraire, valider les donations mobilières modiques et éviter par là des contestations nombreuses (2)? Quoi qu'il en soit, le nouvel article 446 est plus exprès et s'applique *in terminis* tant aux actes concernant les meubles qu'à ceux qui portent sur les immeubles. « La commis- » sion a pensé, disait en 1838 le rapporteur, M. Renouard, » qu'il n'existe aucun motif de traiter avec plus de faveur » les transmissions gratuites de propriétés mobilières, » donations plus dangereuses pour la masse parce que » les occasions en sont beaucoup plus fréquentes et parce » qu'il est plus facile d'en effacer les vestiges et de » détourner les preuves de connivence et de fraude. »

« *A titre gratuit....* » L'article 446 s'applique-t-il aux donations en faveur de mariage, à la constitution de dot en particulier? Les développements que nous avons donnés à cette question en expliquant l'article 1467 (*supra,* n° 115) nous dispensent de revenir de nouveau sur les raisons données et sur les éléments de la controverse. Disons seulement ici que, quelque opinion qu'on puisse avoir sur le caractère plus particulièrement onéreux ou gratuit de cet acte complexe, il nous paraît impossible, en matière de faillite, de le soustraire à l'application de l'article 446. Au point de vue des créanciers,

---

(1) Bravard, p. 215.
(2) Locré, t. III, p. 126.

celui dont il faut surtout se préoccuper ici, la constitution de dot ne diffère en rien des autres actes à titre gratuit : d'une part, ce n'est pas l'exécution d'une obligation (C. N. art. 204); d'autre part, les biens qui sont
sortis par cette voie du patrimoine du commerçant n'y
sont remplacés par aucun équivalent; c'est donc un acte
à titre gratuit dans le sens et suivant l'esprit de l'article 446. Ajoutons, cette considération a aussi son intérêt, que ne pas appliquer l'article 446 aux donations en
faveur de mariage, ce serait l'énerver en mettant hors
de sa portée les donations les plus usuelles et en le res-
treignant à celles qui, dans la vie commune, ne sont, on
peut le dire, que des accidents (1).

143. *Quid* si une donation (nous voulons parler de
celles qui ne sont pas dispensées de l'acceptation expresse, C. N. art. 932 et 1087) était faite par un commerçant plus de dix jours avant la cessation de ses payements et acceptée par le donataire après cette cessation
ou moins de dix jours avant? Elle serait non avenue, car
l'article 932 dit que « la donation entre époux n'enga-
» gera le donateur et ne produira aucun effet que du
» jour qu'elle aura été acceptée en termes exprès »; et,
aux termes de l'article 446, l'acceptation n'est pas
venue en temps utile pour rendre la donation efficace (2). Et même, si l'acceptation avait été faite avant
les dix jours qui précèdent la cessation des payements,
mais n'avait été notifiée au donateur que depuis cette
époque, la donation serait encore nulle : cela fait plus
de doute, mais l'article 932 dit encore que « la donation

---

(1) Bravard, p. 216-219; Demangeat sur Bravard, p. 219, note 1.
(2) Bédarride, t. I, nº 108; Dalloz, nº 279; Demangeat sur Bravard,
p. 219, note 1.

» n'aura d'effet, à l'égard du donateur, que du jour où
» l'acte qui constatera cette acceptation lui aura été no-
» tifié »; il n'est donc dépouillé qu'au moment de la no-
tification; et, dans l'espèce, au moment où elle intervient, le donateur ne peut plus se dépouiller à titre gratuit (2). Nous examinerons (*infra*, n° 168) la question
de savoir si une donation d'immeubles, faite par le failli
avant les dix jours qui précèdent la cessation de ses
payements, peut encore être utilement transcrite par le
donataire après ces dix jours.

144. Une dernière question relative à la nullité de
plein droit des actes à titre gratuit est de savoir si elle
peut être demandée contre les sous-acquéreurs et à
quelles conditions. Qu'elle puisse l'être en principe, cela
ne fait pas de doute; la nullité absolue qu'édicte l'article 446 est certainement prononcée *generaliter et in rem*
et destitue de toute existence juridique l'acte auquel elle
s'applique. Qu'elle puisse être intentée contre un sous-acquéreur à titre gratuit de bonne foi, cela ne fait pas non
plus de doute; mais, s'il s'agit d'un sous-acquéreur à
titre onéreux, faudra-t-il prouver qu'il savait que le commerçant de qui vient la chose était en état de cessation
de payements? Non, sans doute, car, en matière de nullités de plein droit, peu importe la bonne ou la mauvaise
foi de l'acquéreur; et, d'ailleurs, ce qui prouve que,
dans l'application de l'article 446, il ne faut pas s'y arrêter, c'est que les nullités par lui édictées s'appliquent
aux actes à titre gratuit faits dans les dix jours qui précèdent la cessation des payements; or, si l'on tenait compte
de la bonne foi des tiers, il faudrait retrancher cette
partie de l'article, car celui qui aura acheté un immeuble

(1) Dalloz, n° 279; Demangeat sur Bravard, p. 219, note 1.

donné à son vendeur par le failli avant la cessation des payements sera toujours de bonne foi, ne pouvant pas avoir connaissance de la cessation des payements qui n'existait pas encore. Toutefois, s'il s'agissait d'un meuble corporel, le sous-acquéreur pourrait se défendre par l'article 2279 du Code Napoléon, et il faudra prouver sa mauvaise foi (1).

145. L'article 446 ne s'applique pas aux dispositions testamentaires, car le légataire n'est jamais payé qu'après tous les créanciers désintéressés; il n'y a donc pas d'intérêt à prononcer une nullité qui ne pourrait profiter à la masse, et qui, ici, ne lui servirait pas (2).

II. *Payements.*

146. Il faut distinguer deux hypothèses : ou le débiteur paye une dette non échue, ou il paye une dette échue. Dans le premier cas, la loi prononce une nullité radicale; et, en effet, le payement d'une dette non échue est une sorte de libéralité, puisque le débiteur ne pouvait pas être poursuivi à raison de cette dette et qu'il fait, par conséquent, quelque chose qu'on ne pouvait exiger de lui; et, d'autre part, au moment où il fait le payement, le débiteur ne peut avoir l'intention que d'avantager un créancier en lui assurant, aux dépens des autres, un payement intégral. Lors, au contraire, que la dette ainsi payée est une dette échue, le caractère frauduleux de cet acte est moins évident, et aussi la loi use-t-elle d'une sévérité moins grande.

147. A. *Payement d'une dette non échue.* — La nullité édictée par l'article 446 comprend : « Tous payements, soit

_____

(1) Bravard, p. 261; Demangeat sur Bravard, p. 267, note 1.
(2) Dalloz, n° 280; Demangeat sur Bravard, p. 219, note 1.

» en espèces, soit par transport, vente, compensation ou
» autrement, pour dettes non échues. »

« *Tous payements, soit en espèces, soit par transport...* »
La loi appelle payement par transport le payement que
ferait le créancier en transportant à son créancier sa
créance contre un tiers; il peut se faire de deux manières,
par délégation ou par cession. Si c'est par délégation, il
faut, mais il suffit, pour qu'elle soit valable, qu'elle soit
antérieure aux dix jours qui précèdent la cessation des
payements; si c'est par cession, une complication se
présente. Suffit-il, pour qu'elle soit valable, qu'elle
ait été faite avant le délai de dix jours? ou faut-il que
le créancier cessionnaire ait été saisi à l'égard du débiteur par l'un des moyens indiqués dans l'article 1690
du code Napoléon, signification au débiteur cédé dans
un acte authentique, acceptation par lui faite dans la
même forme? Il suffit que la cession soit antérieure aux
dix jours. Qu'on n'objecte pas l'article 1690 aux termes duquel « le cessionnaire n'est saisi à l'égard des
» tiers que par la signification du transport faite au dé-
» biteur » (ou l'acceptation de celui-ci), car rien n'empêche le cessionnaire de faire cette signification ou d'obtenir cette acceptation après même la cessation de payements. Ce que l'article 446 annule à compter de cette
époque, ce sont les actes « faits par le débiteur »; or la
cession seule est faite par le débiteur, et du moment
qu'elle est antérieure aux dix jours qui ont précédé cette
cessation de payements, la cession est inattaquable. Tout
ce qu'on pourrait soutenir à la rigueur, c'est ceci : que,
si un trop long intervalle s'était écoulé avant l'ensaisinement, celui-ci pourrait être, non pas nul de plein droit,
mais annulé comme une inscription hypothécaire aux
termes de l'article 448, et encore serait-ce inadmissible,

car les prohibitions sont de droit étroit, et ce que dit l'article 448 des inscriptions d'hypothèque ne peut être étendu aux significations de créances ni à aucun autre acte analogue (1).

« *Vente...* » Par cette expression *payement par vente*, le code désigne la dation en payement. Si le payement lui-même était déclaré nul, à plus forte raison la dation en payement devait-elle l'être, car elle a, nous l'expliquerons tout à l'heure (*infra,* n° 147), un caractère insolite qui la rend justement suspecte.

« *Compensation...* » Ce n'est pas de la compensation légale qu'il s'agit ici, car une condition essentielle de cette compensation est que les deux dettes entre lesquelles elle s'opère soient également exigibles (C. N. art. 1291); la compensation entre une dette exigible et une dette non exigible ne peut être qu'une compensation facultative ou conventionnelle. La compensation légale est donc tout à fait en dehors de l'article 446, et cette observation a été faite à la Chambre des députés (séance du 29 mars 1838); si donc deux personnes se trouvent respectivement créancière et débitrice l'une de l'autre, et que toutes les conditions prescrites par l'article 1291 du code Napoléon soient réunies, le fait que l'une d'elles est en état de cessation de payements n'empêchera pas la compensation légale de s'opérer. Mais des fraudes peuvent en résulter, et il pourrait arriver qu'un débiteur du failli, pour ne pas le payer, achetât à vil prix sa créance contre un tiers et opposât ensuite la compensation à la masse de sa faillite : aucun

---

(1) Aubry et Rau, t. III, § 359 *bis;* Demangeat sur Bravard, p. 228, note 1, p. 295, note 1. — *Contrà* Renouard, t. I, p. 378; Bédarride, n° 113 *ter;* Bravard, p. 295; Capmas, n° 32.

article n'a prévu ce genre de fraude, mais la Cour de Metz a dit, dans les considérants d'un arrêt du 16 juillet 1845 : « La fraude n'existerait pas dans le fait de la » compensation, mais dans un acte antérieur, et cet acte, » comme tout autre qui donne naissance à une créance » contre le failli, pourrait toujours être attaqué et de- » vrait être annulé, s'il était prouvé qu'il a été créé pour » nuire aux droits des créanciers de la faillite. »

« *Ou autrement...* » Par ces expressions générales la loi atteint toute espèce de payement ou libération appliquée à une dette non échue. Si, par exemple, un commerçant avait acheté des marchandises payables à terme et que ne pouvant les payer il les rendît au vendeur, un pareil acte fait depuis la cessation de ses payements ou même dans les dix jours serait nul de plein droit en vertu de l'article 447 ; mais on s'est demandé ce qui arriverait dans l'hypothèse suivante : avant l'échéance d'une lettre de change, le tireur envoie au tiré la provision, puis il est déclaré en faillite, et il est reconnu que cet envoi a eu lieu en pleine cessation de payements ou dans les dix jours précédents : le porteur pourra-t-il venir par préférence sur cette provision, ou sera-t-il payé au marc le franc avec les autres créanciers de la faillite du tireur? Si la provision n'avait pas été fournie par le tireur alors qu'il avait déjà cessé ses payements ou qu'il était sur le point de les cesser, il n'y aurait pas de difficulté, au moins en pratique, car on sait que la jurisprudence reconnaît que le porteur est propriétaire de la provision et qu'il peut, par conséquent, en cas de faillite du tireur, se faire payer par préférence sur cette provision. Mais la question est de savoir si la circonstance que la provision a été faite depuis la cessation des payements du tireur ou dans les dix jours précédents change quelque chose aux droits du porteur, et si l'on ne peut pas lui dire : en envoyant la provision au tiré avant l'échéance de la lettre de change, le tireur a payé une dette non échue; or il l'a fait à une époque où ces sortes de payements sont nuls; donc vous n'avez aucun droit sur les marchandises ainsi payées et vous ne pouvez venir qu'au marc le franc comme les autres créanciers du tireur? Cette prétention ne serait pas fondée et, dans ce cas encore, le porteur aurait un droit de préférence sur la provision. Et, en effet, de deux choses l'une : ou le tireur a accepté la lettre de change, ou il ne l'a pas acceptée. S'il l'a acceptée, il s'est obligé à la payer, et il a le droit, par conséquent, d'exiger que la provision lui soit laissée pour satisfaire le porteur; fournir la provision, dans ce cas, n'a pas été de la part du tireur l'acquittement d'une dette non échue, mais l'exécution d'un contrat à titre onéreux qui s'est formé entre lui et le tiré, et la masse de la faillite n'a pas de réclamations à élever. Si le tiré n'a pas accepté la lettre, il n'est pas obligé à la payer et il est, par conséquent, désintéressé dans la question, mais le porteur peut dire encore : l'envoi de la provision n'est pas un payement et, en tout cas, si c'en est un, c'est un payement fait au tiré, l'exécution du contrat à titre onéreux qui avait eu lieu préalablement à la création de la lettre de change entre le tireur et le tiré, ce n'est pas un payement qui m'a été fait, et par conséquent, je suis en dehors des prohibitions de l'article 446. Et en vain les syndics lui répondraient-ils : c'est l'envoi de la possession qui a assuré votre payement, car le tiré n'avait pas accepté et s'il n'eût pas reçu la provision, il n'aurait pas payé. Le porteur leur répondrait avec succès : c'est grâce à l'envoi de la provision que j'ai été payé; soit, mais je n'ai réclamé et je ne pouvais réclamer mon payement qu'à l'échéance;

donc j'ai été payé d'une dette échue et l'article 446 ne s'applique pas à moi. D'ailleurs, il reste aux créanciers le droit, dans les mêmes circonstances, de reprendre la provision en prouvant que le porteur avait eu connaissance de la cessation des payements du tireur (art. 447) (1).

« *Pour dettes non échues....* « C'est la circonstance de l'inexigibilité de la dette payée qui fait le caractère frauduleux du payement; mais plusieurs difficultés s'élèvent en pratique sur le point de savoir comment il faut entendre ces mots : *dettes non échues.* Nous pensons, quant à nous, qu'ils ne doivent pas se prendre à la lettre et que, par dette échue, il faut entendre ici une dette « que le » créancier avait le droit d'exiger en justice, ou, ce qui » revient au même, que le débiteur pouvait être forcé » de payer le jour où le payement a été fait et reçu (2) », et pour ne citer qu'une application de cette règle générale, nous appliquerions l'article 446 au cas où le débiteur aurait payé avant terme pour profiter de l'escompte promis par le créancier. En vain dira-t-on que l'escompte n'est pas par lui-même un acte frauduleux, et que l'avantage qu'avait le débiteur à payer de suite ôte tout caractère frauduleux au payement anticipé qu'il a fait; car cela reviendrait à examiner l'acte en lui-même, les circonstances qui l'accompagnent, l'intention des parties, et l'article 446 interdit au juge toute appréciation et prononce la nullité de droit du moment qu'il s'agit d'une dette non échue (3).

148. B. *Payement d'une dette échue.* — L'article 446 (cette

(1) Demangeat sur Bravard, p. 256, note 1. — *Contra* Cass., 24 janvier 1860; Nîmes, 6 février 1862.

(2) Delamarre et Lepoitvin, t. VI, n° 146.

(3) Delamarre et Lepoitvin, t. VI, n° 146; Demangeat sur Bravard, p. 221, note 1. — *Contra* Massé, t. II, n° 1222.

disposition n'existait pas dans le code de 1838) continue :
« Et pour dettes échues, tous payements faits autrement
» qu'en espèces ou effets de commerce. » S'il s'agit d'une
dette non échue au moment du payement, le payement
est toujours nul ; s'il s'agit d'une dette échue, tout payement fait en espèces ou effets de commerce est valable
(sauf l'art. 447, si le créancier l'a reçu en connaissance de
la situation du débiteur, V. *infra*, n° 151 s.), mais tout
autre payement est nul. C'est la dation en payement que
le législateur a voulu atteindre par cette prohibition (par
dation en payement, nous entendons ici tout ce que l'article 446 comprend sous ces expressions, *payement par
transport, vente, compensation ou autrement*). Il y avait,
en effet, plusieurs raisons de se montrer plus rigoureux
pour ce mode de libération que pour le payement proprement dit. La dation en payement ne peut se faire que
du consentement du créancier (C. N. art. 1243), et cet
accord est suspect quand le débiteur a déjà cessé ses
payements ou qu'il est près de les cesser ; de plus, à la
différence du payement, ce n'est pas un mode normal
d'extinction de l'obligation et il a un caractère insolite
qui décèle la fraude ; d'ailleurs, la substitution à la chose
due d'une autre qui peut être plus importante peut dissimuler une libéralité. Il est vrai de dire cependant que
ces considérations ne sont pas décisives ; car le payement
en effets de commerce ne peut se faire que du consentement du créancier qui a le droit d'exiger un payement en
argent, et le code reconnaît pourtant cette dation en
payement valable, puisqu'il n'annule dans notre article 446 que le payement qui n'est pas fait en espèces
ou effets de commerce. Du reste, cette dation en payement n'offre aucun caractère de fraude ; car tout effet de
commerce a une valeur nominale, et il est facile de voir

si elle dépasse le montant de la dette (1). La raison véritable de la rigueur de la loi, c'est que le créancier à
qui son débiteur offre de le payer en objets mobiliers ou
même immobiliers est par là même averti de là détresse
de ce débiteur et est de mauvaise foi en acceptant ce
genre de payement, et de là la nullité absolue que prononce le code. S'il accepte, au contraire, un payement
en argent ou, comme cela se pratique journellement, en
effets de commerce, il peut être de bonne foi et aussi la
loi n'annule-t-elle le payement que si sa mauvaise foi est
démontrée.

L'article 446 ne fait même pas d'exception pour le
payement en marchandises, quoiqu'un membre de la
Chambre des députés (séance du 29 mars 1838) ait insisté
pour en faire reconnaître la validité. Cependant il paraît
bien résulter des explications données à la Chambre des
députés par M. Duvergier, et à la Chambre des pairs par
M. Tripier, que ces payements doivent être validés toutes
les fois qu'ils sont les articles d'un compte courant, alors
surtout qu'il aurait été entendu entre les parties que celle
qui est aujourd'hui en faillite payerait en marchandises :
« Des envois respectifs de marchandises, a dit M. Tripier,
» destinés à se balancer réciproquement n'auraient plus
» le caractère de payement prohibé, surtout s'ils avaient
» été précédés d'une série d'opérations de même na-
» ture, qui constateraient de la part des négociants un
» usage antérieur auquel ils se seraient conformés sans
» fraude (2). »

---

(1) Demangeat sur Bravard, p. 226, note 3, p. 227, note 1.
(2) Dalloz, n° 292; Bédarride, t. I, n° 117; Alauzet, t. IV, n° 1686;
Demangeat sur Bravard, p 230, note 1.

III. *Hypothèques, droits d'antichrèse et de nantissement pour dettes antérieurement contractées.*

149. La déclaration de 1702 déclarait nulle de plein droit toute hypothèque conventionnelle ou judiciaire qui ne remonterait pas à plus de dix jours avant la faillite notoirement connue, et la jurisprudence avait étendu cette disposition aux hypothèques légales et aux privi-léges. Cette nullité de plein droit s'appliquait donc à toutes les causes de préférence. La disposition de l'ar-ticle 443 du code de commerce de 1807 était aussi abso-lue : « Nul ne peut acquérir hypothèque sur les biens » d'un failli dans les dix jours qui précèdent l'ouverture » de la faillite. » Ce système avait plus d'un inconvé-nient : au point de vue, d'abord, de l'intérêt particulier, il avait le tort de mutiler la convention des parties, quand il maintenait le contrat en annulant l'hypothèque desti-née à le garantir et qu'il privait un créancier de bonne foi d'une sûreté sur laquelle il avait le droit de compter et sans laquelle il n'eût peut-être pas contracté; car qui aurait été assez imprudent pour prêter à un commerçant sur la garantie de ses immeubles, quand il pouvait se faire que, l'emprunteur tombant en faillite, la cessation de ses payements fût reportée au jour même de l'emprunt, et que le prêteur perdît son hypothèque sans rentrer dans ses fonds? De là, avant 1838, des réclamations et l'établissement d'une doctrine contraire à la loi en plus d'un point. Aussi le code de commerce de 1838 a-t-il fait plusieurs distinctions très-sages et que commandait la nature même des choses. L'hypothèque est-elle consti-tuée par le même acte d'où résulte le contrat qu'elle ga-rantit, elle est maintenue, ou plutôt suit le sort de ce

contrat qui sera annulé s'il a été passé au profit d'un tiers
de mauvaise foi (art. 447). Si, au contraire, l'hypothèque est constituée pour dettes antérieurement contractées, elle est nulle de plein droit; car elle est suspecte
de fraude, étant donnée par un débiteur qui a cessé ou
va cesser ses payements, et qui accorde ainsi un droit de
préférence à l'un de ses créanciers, à titre gratuit et sans
rien recevoir de lui. Si la dette était échue et qu'il l'eût
payée en espèces ou effets de commerce, au lieu de la
garantir par une hypothèque, ce payement serait valable,
mais c'est que la constitution d'hypothèque a quelque
chose d'inusité qui fait présumer la fraude. Les mêmes
observations s'appliquent aux droits d'antichrèse et de
nantissement; mais elles ne sont vraies que dans le cas
où l'hypothèque, l'antichrèse et le nantissement étaient
constitués sur les biens du débiteur pour sa propre dette.
Si c'était pour la dette d'un tiers, il y aurait évidemment
là un acte d'intercession à titre gratuit, et que ce fût ou
non pour une dette non contractée, ce serait nul de
plein droit.

150. « Toute hypothèque conventionnelle ou judi-
» ciaire, dit l'article 446, et tous droits d'antichrèse et
» de nantissement constitués sur les biens du débiteur
» pour dettes antérieurement contractées. »

« *Toute hypothèque conventionnelle...* » *Quid* de l'hypothèque légale? L'article 446 n'en prononçant pas la nullité, elle peut naître valablement depuis la cessation
des payements ou dans les dix jours précédents, et il y
en a deux raisons: la première tirée de la faveur que
méritent les créanciers auxquels l'hypothèque légale est
attachée; la seconde tirée de la concomitance forcée de la
naissance de la créance et de la naissance de l'hypothèque, qui fait qu'elle n'est jamais constituée pour dette

antérieurement contractée. Une distinction, toutefois, a été
proposée : on reconnaît que, si un commerçant s'est marié
depuis qu'il a cessé ses payements ou dans les dix jours
qui ont précédé, l'hypothèque légale de sa femme pour
raison de sa dot et conventions matrimoniales grèvera les
biens de son mari à compter du jour de son mariage,
mais on a soutenu que, si la femme d'un commerçant
déjà marié intervient depuis le temps qui suit la cessation
des payements ou dans les dix jours qui la précèdent,
pour cautionner son mari, ou s'obliger solidairement avec
lui au profit d'un tiers, l'hypothèque légale pour l'indemnité des dettes qu'elle a contractées avec son mari ne naît
pas, parce que, naissant d'une convention, elle présente
le même danger que les hypothèques conventionnelles
que l'article 446 déclare nulles de plein droit (1). La
Cour de cassation a rejeté cette distinction, car le texte
de l'article 446 y est contraire, en ne faisant aucune allusion à l'hypothèque légale, et les nullités ne s'étendent
pas par analogie; et d'ailleurs la femme n'est pas inter-
venue au contrat passé par son mari pour faire fraude à
ses créanciers, mais plutôt circonvenue par lui, et il serait par trop dur de lui enlever son hypothèque légale
qui lui a été précisément donnée comme garantie contre
les engagements que les obsessions de son mari pourraient l'amener à souscrire en faveur de ce dernier (2).
Nous croyons même qu'il faudrait aller jusqu'à considérer
comme valable la subrogation qu'en cas pareil la femme
accorderait à un tiers dans l'effet de son hypothèque
légale, car il n'y a pas là encore d'hypothèque conventionnelle constituée pour dettes antérieurement contrac-

---

(1) Pothier, 16 janvier 1860.
(2) Demangeat sur Bravard, p. 242, note 1 ; Cass., 16 novembre 1848.

tées (1). Reste toujours d'ailleurs la faculté d'appliquer l'article 447, si l'intention frauduleuse est démontrée avoir existé chez le tiers contractant.

« *Ou judiciaire...* » La distinction que fait l'article 446 entre l'hypothèque constituée pour dettes antérieurement contractées et l'hypothèque née en même temps que la créance qu'elle garantit, ne paraît pas applicable à l'hypothèque judiciaire qui, résultant du jugement de condamnation prononcé contre le débiteur ou du jugement rendu contre lui sur une demande en reconnaissance d'obligation sous seing privé, est toujours postérieure à la créance à laquelle elle a rapport. Et de là un résultat singulier : c'est qu'entre deux créanciers dont le droit est pourtant égal, celui qui, ayant été le plus diligent, ou celui qui, ayant procédé devant un tribunal de commerce, parvient à obtenir un jugement plus de dix jours avant la cessation de ses payements, se trouve avoir une cause de préférence contre celui qui n'aura pu obtenir justice que plus tard, le lendemain peut-être, en sorte que l'un pourra être intégralement payé, et l'autre n'obtenir que 5 pour 100 de sa créance. Mais cette anomalie, il faut le dire, se présente toutes les fois qu'il s'agit d'hypothèque judiciaire, elle n'est pas spéciale à notre sujet, et aussi regardons-nous comme contraire au texte de l'article 446 la distinction proposée par M. Bravard (2) entre le cas où la demande est formée avant les dix jours qui précèdent la cessation de ses payements, cas où l'hypothèque serait valable, le jugement n'eût-il été rendu qu'après ces dix jours — et le cas où la demande est for-

---

(1) Demangeat sur Bravard, p. 242, note 1 ; Cass., 25 juillet 1860 ; 24 juillet 1861. — *Contra* Bédarride, t. I, n° 123 *ter.*
(2) P. 246.

mée après les dix jours, cas auquel l'hypothèque judiciaire ne naîtrait pas. Cette distinction, en effet, n'est
pas conforme au texte de la loi, car, pas plus dans un cas
que dans l'autre, il n'y a hypothèque pour dettes antérieurement contractées. Il faut donc reconnaître que les
mots de l'article 446, *pour dettes antérieurement contrac-*
tées et la restriction qui en résulte ne peuvent s'appliquer
aux hypothèques judiciaires (1).

« *Et tous droits d'antichrèse...* » L'ancien texte du
code ne parlait pas de l'antichrèse, c'est-à-dire du droit
qu'a un créancier de retenir jusqu'à ce qu'il soit payé la
possession d'un immeuble et d'en percevoir les fruits
en les imputant sur les intérêts de sa créance. Les auteurs
de la loi de 1838 ont avec raison comblé cette lacune,
car l'antichrèse, bien que ne donnant au créancier aucun
droit de préférence sur le prix de l'immeuble qu'il détient
à ce titre, est un droit très-défavorable à la masse des créanciers qu'il empêche de faire vendre cet immeuble avant
d'avoir désintéressé l'antichrésiste. L'article 446 est donc
un argument puissant pour prétendre que le droit de rétention en général et en particulier celui qui résulte
de l'antichrèse est opposable aux tiers.

« *Ou de nantissement....* » L'expression de *nantisse-*
ment par laquelle la loi désigne ici le nantissement d'un
meuble, par opposition au nantissement d'un immeuble
qui est l'antichrèse, est impropre, car *nantissement* est
l'expression générique et le nantissement d'un meuble
s'appelle gage (C. N. art. 2072). Quoi qu'il en soit, le législateur qui, dans l'énumération des droits de préférence, n'a pas compris les priviléges, de telle sorte qu'ils
sont valablement constitués pendant ce laps de temps,

---

(1) Demangeat sur Bravard, p. 247, note 1.

pourvu que l'acte d'où ils résultent ne soit pas annulé suivant l'article 447, le législateur a cependant frappé de nullité le privilége du créancier gagiste. C'est qu'en effet ce privilége a un caractère spécial qui le rapproche de l'hypothèque, à savoir qu'il peut être constitué à raison de quelque créance que ce soit et que, par conséquent, ce n'est pas la règle *privilegia non ex tempore œstimantur sed ex causa* qui doit lui être appliquée, mais la règle *prior tempore potior jure*, et ainsi, entre deux personnes qui successivement ont reçu en gage le même objet possédé par un tiers, la préférence est pour celle des deux qui a, la première, fait donner date certaine à son titre. Mais, pour que l'acte constitutif d'un droit de gage au profit de l'un des créanciers soit opposable à la masse de la faillite, que faut-il précisément?

a) S'il s'agit d'une chose corporelle, suffit-il que l'acte ait acquis date certaine avant les dix jours qui précèdent la cessation des payements, ou faut-il de plus qu'avant la même époque la chose ait été remise au créancier ou au tiers par lui désigné (C. N. art. 2076)? « Je verrais » là, de la part du débiteur, dit M. Demangeat, le paye-» ment d'une dette échue, par conséquent, un acte an-» nulable aux termes de l'article 447, et non pas nul de » plein droit » (1). Si nous ne nous trompons, considérer ainsi la remise d'une chose constituée en gage, c'est arriver à une nullité de plein droit, puisque sont nuls de plein droit, aux termes de l'article 446, « pour dettes » échues, tous payements faits autrement qu'en espèces » ou en effets de commerce ». Nous croyons qu'il faut regarder cette remise de la chose donnée en gage comme l'exécution du contrat de gage, et décider, par consé-

---

(1) Sur Bravard, p. 248, note 2.

quent, qu'elle sera valable, à moins qu'elle n'ait eu lieu avec mauvaise foi de la part du créancier, auquel cas il y aurait annulabilité suivant l'article 447. C'est ainsi que nous avons déjà considéré l'envoi de la provision au tiré par le tireur d'une lettre de change qui avait cessé ses payements ou était dans les dix jours antérieurs à cette cessation (V. *supra*, n° 147).

b) Si c'est un droit de créance qui a été donné en gage, faut-il que la signification au débiteur ait eu lieu avant les dix jours qui précèdent la cessation des payements? Pour l'affirmative on fait valoir surtout cet argument, que la signification au débiteur est nécessaire à la constitution du gage à l'égard des tiers et que, par conséquent, si elle n'intervient pas avant dix jours, date de la cessation des payements, le gage ne se trouve constitué qu'après ces dix jours et est nul aux termes de l'article 446 (en supposant, bien entendu, que la dette soit antérieurement contractée) (1). Mais nous croyons que cette opinion n'est pas fondée et, en effet, 1° dans le sens de l'article 446, sinon dans le sens général de ces mots, un droit est constitué dès qu'il est valablement consenti par le débiteur; ce qui le prouve, c'est qu'entendu autrement, l'article 446 s'appliquerait non-seulement à l'acte notarié par lequel le débiteur constitue hypothèque, mais même à l'inscription qui le constitue à l'égard des tiers, et frapperait cette inscription de nullité absolue par cela seul qu'elle aurait été prise moins de dix jours avant la cessation des payements. Or, cela n'est pas, puisqu'un article spécial, l'article 448, s'occupe de l'inscription des hypothèques valablement acquises et édicte un système de

---

(1) Troplong, *Traité du nantissement*, n°s 276 et suiv.; Massé, t. IV, n° 2607; Montpellier, 13 janvier 1845.

nullité tout spécial; donc l'article 446 ne se réfère qu'à l'acte par lequel soit l'hypothèque, soit le nantissement, est consenti à l'égard du débiteur. 2° Les termes mêmes de l'article 446 protestent contre l'interprétation que nous combattons, car ce qu'il annule de plein droit, ce sont, dit-il, « les actes faits par le failli »; or la signification dont il s'agit n'est pas faite par le failli, donc elle n'est pas nulle (1). Nous avons donné une décision analogue, quant à la cession de créances que ferait un failli avant les dix jours qui précèdent la cessation de ses payements et qui ne serait suivie de l'ensaisinement que postérieurement à ces dix jours, et nous répétons ce que nous disions à ce sujet, c'est que le seul tempérament auquel on pourrait souscrire, ce serait d'appliquer à la signification dans la constitution d'une créance en gage, et, en général, à tous les actes par lesquels un créancier consolide le droit déjà acquis d'un failli, ce qui est écrit dans l'article 448 pour les hypothèques tardivement inscrites, et encore serait-ce contraire au principe que les nullités ne s'étendent pas par analogie (V. *supra,* n° 147).

« *Constitués sur les biens du débiteur....* » Par ces expressions, l'article 446 indique, ce qui, d'ailleurs, allait de soi, qu'il n'annule pas les droits d'hypothèque et de nantissement qu'un tiers donnerait sur ses propres biens à l'un des créanciers de la faillite. Ces actes sont, en effet, avantageux à la masse de la faillite dont ils dégrèvent le passif de tout ce dont le créancier ainsi favorisé pourra se faire payer sur les biens à lui hypothéqués. Au reste, ce membre de phrase est inutile, l'article 446 a

---

(1) Aubry et Rau, t. III, § 343; Demangeat sur Bravard, p. 248, note 2; Rej., 19 juin 1848.

déjà dit : « Sont nuls et sans effet, relativement à la masse,
» tous actes qui auront été faits *par le débiteur*. »

« *Pour dettes antérieurement contractées* » , c'est-à-dire
pour dettes contractées avant la constitution des droits
d'hypothèque, de gage ou d'antichrèse; c'est cet intervalle mis entre la naissance de la créance et la naissance
du droit accessoire qui la garantit, qui fait présumer la
fraude et prononce la nullité. On a cependant proposé
une autre interprétation : par dettes antérieurement contractées, la loi aurait entendu les dettes contractées avant
la cessation des payements et les dix jours antérieurs,
de sorte que l'hypothèque constituée après coup pour
une dette valablement née pendant ces dix jours ou
depuis la cessation des payements serait valable, au lieu
que l'hypothèque constituée après coup pour une dette
née avant ces dix jours serait nulle (1). Mais on ne comprendrait pas pourquoi la loi aurait voulu faire une pareille distinction, et ce qu'il y a de plus favorable dans
la première de ces situations que dans la seconde. Tout
au contraire, la créance née avant les dix jours mérite
plus de faveur que celle qui est née après; et, d'ailleurs,
c'est ainsi que M. Quesnault a expliqué la loi à la Chambre
des députés; il a dit expressément que, dans l'article 446,
il s'agit des dettes contractées antérieurement à la constitution d'hypothèque (2). — Il faut enfin remarquer que
l'article 446 ne distingue pas entre les dettes échues et
les dettes non échues en ce qui touche les constitutions
d'hypothèque, de gage ou d'antichrèse; que si, par conséquent, au lieu de se faire payer d'une dette actuelle-
ment exigible, le créancier demande une sûreté à son
débiteur, et que ce soit depuis la cessation des paye-

---

(1) Renouard, t. I, n° 384.

(2) Bravard, p. 239; Demangeat sur Bravard, p. 240, note 5.

ments ou dans les dix jours précédents, il perdra cette
sûreté, alors même qu'il ignorait la cessation des payements, alors même qu'il ne pouvait pas la connaître,
ayant traité quelques jours auparavant. On peut ici trouver la loi excessive, surtout en ce qui concerne pareille
convention faite dans les dix jours antérieurs à la cessation des payements (1).

§ III.

Deuxième classe de nullités.

151. « Tous autres payements faits par le débiteur
» pour dettes échues et tous autres actes à titre onéreux
» par lui passés après la cessation des payements et avant
» le jugement déclaratif de faillite pourront être annulés
» si, de la part de ceux qui ont reçu du débiteur ou qui
» ont traité avec lui, ils ont eu lieu avec connaissance
» de la cessation de ses payements. » (Art. 447.)

Cette seconde classe de nullités, qui a été introduite
par la loi de 1838, diffère à plusieurs points de vue des
nullités absolues édictées par l'article 446.

1° D'abord l'application des nullités écrites dans l'article 447 est subordonnée à la condition *sine qua non* de
la mauvaise foi des tiers, c'est-à-dire de la connaissance
qu'ils doivent avoir eue de la cessation des payements de
celui avec qui il a traité ou de qui il a reçu son payement,
au lieu que les nullités de plein droit sont encourues par
les tiers même de bonne foi, et de là une conséquence
pratique remarquable qui ressort du texte comparé des
deux articles, à savoir que les nullités édictées par l'article 446 s'appliquent aux actes passés depuis la cessation des payements et dans les dix jours précédents, au

(1) Bravard, p. 253-256.

lieu que celles qui résultent de l'article 447 s'appliquent
seulement aux actes postérieurs à la cessation des payements; du moment en effet qu'on ne prononce la nullité
que contre les tiers qui ont connu la cessation des payements, elle ne peut atteindre que les actes postérieurs à
cette cessation, les tiers n'ayant pu connaître que ce qui
existait déjà. De là encore cette autre conséquence que le
créancier qui rapporte ce qu'il a reçu dans le cas de l'article 447 en doit les intérêts et les fruits à compter du
jour où il l'a reçu, puisqu'il est nécessairement de mauvaise foi, au lieu que, dans le cas de l'art. 446, il faut
rechercher s'il est de bonne foi, et si par conséquent il
ne les doit que du jour de la demande, ou de mauvaise
foi et les doit du jour de la livraison (1).

2° Aucune liberté d'appréciation n'est laissée au juge
dans le cas de l'article 446; dans le cas de l'article 447,
il peut prononcer la nullité et le mot *pourront* y a été
inscrit en connaissance de cause et après discussion. Mais
il ressort de cette discussion que, s'il ne suffit pas pour
l'annulation de l'acte qu'il ait été fait au profit d'un
tiers de mauvaise foi, il ne faut pas non plus croire que
les tribunaux aient une latitude trop grande : le seul
point qu'il leur soit permis de considérer, c'est celui-ci :
l'acte a-t-il en réalité préjudicié à la masse? S'il ne lui a
pas nui, si, par exemple, « les payements faits ont eu
» pour cause déterminante la continuation de livraisons
» de marchandises loyalement faites, et qui ont augmenté
» l'avoir du failli » (2), la nullité ne sera pas prononcée.
Mais, étant prouvés le préjudice causé à la masse et la
mauvaise foi des tiers, le tribunal ne peut se dispenser
d'annuler. Cela paraît bien résulter de ces paroles de

(1) Demangeat sur Bravard, p. 262, note 1.
(2) Considérant d'un arrêt de Lyon, 4 février 1860.

14.

M. Martin (de Strasbourg), prononcées dans la discussion de la loi de 1838 : « Je crois qu'il y a une bonne raison » de préférer *pourront* à *devront*, parce que l'article 447 » atteint les actes à titre onéreux. Or, il est possible » qu'un tel acte ait été consommé et n'ait pas causé de » préjudice à la masse. Dans ces cas donc il faut que le » juge ne soit pas obligé d'annuler et que les syndics ne » soient pas forcés de demander la nullité. Ce n'est qu'au- » tant qu'il y aura préjudice pour les créanciers que le juge » devra annuler ; il faut donc laisser le mot *pourront* (1). »

3° Dans le cas de l'article 446, les sous-acquéreurs, même de bonne foi, peuvent être atteints par la nullité (V. *supra,* n° 144). Ils ne le peuvent dans le cas de l'article 447 que s'ils sont de mauvaise foi ou s'ils ont acquis à titre gratuit; dans ce dernier cas, la preuve de la mauvaise foi ne nous semble pas nécessaire; car, en droit civil, en matière d'action Paulienne, elle ne serait pas exigée (V. *supra,* n° 114), et il ne peut pas en être autrement en matière commerciale où le système général de la loi est beaucoup plus sévère (2).

152. C'est par cette annulabilité qu'édicte l'article 447 que le droit commercial se rapproche le plus du droit civil et que le système de nullité appliqué aux actes d'un commerçant failli par lui faits avant le jugement déclaratif de sa faillite ressemble le plus à l'action Paulienne. Il y a toutefois des différences entre ces deux législations. Ainsi 1° pour qu'il y ait lieu à l'application de l'article 1167 du code Napoléon, il faut (quand l'acte fait en fraude des créanciers est un acte à titre onéreux) que le sous-acquéreur ait été complice de la fraude, et de même pour l'application de l'article 447. Mais la complicité

---

(1) Renouard, t. I, p. 392; Demangeat sur Bravard, p. 262, note 1.
(2) Demangeat sur Bravard, p. 267, not. 1.

résulte en matière civile de la connaissance de l'insolvabilité du débiteur, et en matière commerciale de la connaissance de la cessation de ses payements; or, nous
l'avons dit (*supra*, n° 127), cessation des payements et
insolvabilité sont deux choses très-différentes, puisqu'un
insolvable peut continuer ses payements et un solvable
les suspendre; 2° dans le droit civil la révocation de l'acte
frauduleux ne profite qu'aux créanciers antérieurs à cet
acte et qui seuls peuvent la demander; en matière commerciale, l'annulabilité est demandée par les syndics au
nom de tous les créanciers sans distinction, et elle profite
à la masse (V. *supra*, n°ˢ 65, 124, 135); 3° par l'action
Paulienne, nous l'avons vu (*supra*, n°ˢ 28-33, 77), on
ne peut, soit en droit romain, soit en droit français,
atteindre le créancier qui a reçu le payement d'une dette
échue, tandis que l'article 447 permet d'annuler le payement fait par un failli après la cessation de ses payements,
quand même la dette payée aurait été échue, si le créancier payé connaissait la cessation des payements. Mais
l'annulabilité édictée par l'article 447, comme la révocation prononcée en vertu de l'article 1167 et la nullité qui
résulte de l'article 446, n'existent que relativement à la
masse : l'article 447 ne le dit pas expressément, mais
cela va de soi, et il n'y a aucune différence entre les
hypothèses régies par ces trois dispositions : un failli concordataire ne pourra donc pas demander la nullité du
payement en espèces qu'il aurait fait d'une dette échue,
étant en état de cessation de payements, et son créancier
ayant eu connaissance de cet état (1).

L'article 447 permet d'annuler quand il y a eu chez les
tiers connaissance de la cessation des payements :

(1) Dalloz, n° 325; Alauzet, t. IV, n°ˢ 1700 et 1701; Demangeat sur
Bravard, p. 208, note 2; Rennes, 29 janvier 1861.

153. I. *Tous actes à titre onéreux.* — Une difficulté particulière s'élève quant au partage. Nous avons expliqué (*supra*, n° 92) comment un partage pouvait être préjudiciable à des tiers, et, par suite, fait en fraude de leurs droits; qu'arrivera-t-il donc si un partage est fait entre un commerçant qui a cessé ses payements et ses communistes, cohéritiers ou autres, qui ont eu connaissance de cet état? Il semble au premier abord qu'il n'y a lieu de faire pour le partage aucune exception au texte général de l'article 447 : « *tous autres actes à titre oné-* » *reux.* » Mais la raison de douter vient de ce que l'article 882 du code Napoléon faisant exception au principe de l'action Paulienne maintient le partage, même fait en fraude des créanciers de l'un des copartageants (nous n'appliquons d'ailleurs cette décision qu'au partage judiciaire, V. *supra*, n° 95), à moins qu'il n'y ait été fait opposition et qu'il n'y ait été procédé hors de leur présence. L'article 882 fait-il aussi exception à l'article 447? C'est là qu'est la difficulté. Nous pensons que l'article 447 doit être appliqué sans réserve et que l'article 882 peut faire exception à l'article 1167 sans faire exception à l'article 447 : la loi commerciale a organisé pour les créanciers un système de protection plus efficace que celui de la loi civile, il ne faut donc pas y transporter les dispositions par lesquelles le droit civil restreint les garanties déjà limitées qu'il accorde aux créanciers. D'ailleurs nous ne prononçons la nullité du partage, l'art. 447 nous y oblige, que si tous les copartageants savaient que l'un d'eux était un commerçant en état de cessation de payements on évite ainsi toute difficulté; et l'application de la loi ne présente plus rien que d'équitable (1).

---

(1) Demangeat sur Bravard, p. 262, note 1. — *Contra* Bédarride, t. I, n° 120 *bis;* Colmar, 19 janvier 1856.

154. II. *En particulier, les payements de dettes échues en espèces ou en effets de commerce.* — Les payements de dettes échues faits autrement qu'en espèces ou en effets de commerce sont nuls de droit (art. 446), les autres sont seulement annulables quand ils ont été reçus par un débiteur de mauvaise foi. Et, comme les nullités de plein droit, à la différence des simples annulabilités, s'appliquent aux payements faits dans les dix jours qui précèdent la cessation des payements, il s'ensuit que, si dans ce délai le failli paye un créancier en argent ou en effets de commerce, un autre en marchandises ou de toute autre manière, le premier de ces payements pourra être valable et le second sera nul de droit. L'article 447 s'applique non-seulement au payement volontaire, mais encore au payement forcé qui résulterait d'une saisie pratiquée par un créancier en connaissance de la cessation des payements, car le texte ne distingue pas et les raisons qui font annuler le payement fait au profit d'un créancier de mauvaise foi, il est vrai, mais qui n'a fait que recevoir ce qui lui était offert, doivent faire annuler le payement qu'un créancier de mauvaise foi a obtenu par ses poursuites (1). Si c'est une saisie-arrêt qu'a pratiquée le créancier, il faut faire une distinction. Si le jugement de validité de cette saisie-arrêt n'est pas passé en force de chose jugée avant le jugement déclaratif de la faillite du saisi, comme le tiers saisi ne peut pas encore payer entre les mains du saisissant, la créance est encore dans l'actif du saisi au moment du jugement déclaratif, et, par suite, elle doit être comprise dans l'actif de la faillite et distribuée entre les créanciers comme s'il n'y avait pas eu de

---

(1) Bédarride, t. I, n° 110 *quater;* Demangeat sur Bravard, p. 262, note 1.

saisie-arrêt; si, au contraire, le jugement de validité est passé en force de chose jugée avant le jugement déclaratif, la saisie-arrêt pourra être annulée aux termes de l'article 447 si le saisissant l'a pratiquée sachant l'état des affaires du débiteur (1).

155. Il y a cependant un cas dans lequel un créancier payé depuis la cessation des payements de son débiteur et en connaissance de cette déclaration est valablement payé; ce cas est prévu par l'article 449, disposition nouvelle dans le code de 1838, et qui n'existait ni dans le code de 1807 ni dans la législation antérieure : « Dans » le cas où des lettres de change auraient été payées après » l'époque fixée comme étant celle de la cessation des » payements et avant le jugement déclaratif de faillite, » l'action en rapport ne peut être intentée que contre » celui pour compte duquel la lettre de change aura été » fournie. S'il s'agit d'un billet à ordre, l'action ne pourra » être exercée que contre le premier endosseur. Dans » l'un et l'autre cas, la preuve que celui à qui on demande » le rapport avait connaissance de la cessation des paye- » ments à l'époque de l'émission du titre, devra être four- » nie. » Cette règle particulière ne s'applique qu'à l'époque de la cessation des payements; si le jugement déclaratif de faillite avait déjà été prononcé, on rentrerait dans le droit commun et le payement serait nul; l'article 449 dit, en effet : « Avant le jugement déclaratif » de faillite. » L'article 449 comprend deux cas, le cas de lettre de change et le cas de billet à ordre.

156. A) *Lettre de change.* — Un commerçant est déclaré en faillite le 1er mars et la cessation de ses payements reportée au 1er janvier; le 1er février, il a payé une

(1) Demangeat sur Bravard, p. 262, note 1; Paris, 18 août 1860.

lettre de change qui avait été tirée sur lui, et le porteur connaissait la cessation des payements du tiré; sera-t-il obligé de rapporter ce qu'il a reçu pour venir ensuite au marc le franc comme simple créancier du tiré? Il y était obligé avant 1838; la loi de 1838 décide, au contraire, qu'il ne sera pas tenu au rapport. Il y en a deux motifs : la faveur des lettres de change et une considération plus spéciale et plus décisive; c'est qu'exiger le rapport d'un porteur qui a été payé à l'échéance, ce serait le mettre dans une condition pire que s'il n'avait pas été payé, car il n'a pas pu protester et il a, par conséquent, perdu tout recours contre ses garants les endosseurs. Pouvait-on davantage le restituer contre le défaut de protêt et lui donner les mêmes actions récursoires que s'il eût protesté à l'échéance? Non, car, en droit, c'eût été prolonger in-définiment les recours résultant des lettres de change; et, en fait, la restitution n'eût pas été possible, car les garants, qui étaient solvables au moment de l'échéance, ne le sont peut-être plus maintenant et on n'aurait plus contre eux qu'un recours illusoire. Mais le rapport peut être demandé à celui pour compte de qui la lettre de change a été tirée : le tireur, si elle a été tirée par lui-même et pour son compte; le donneur d'ordre, si elle a été tirée par un tiers pour le compte d'autrui; pourvu qu'il ait été de mauvaise foi à l'époque de l'émission du titre, c'est-à-dire qu'il ait connu à cette époque la cessa-tion des payements du tiré. On n'exige pas sa bonne foi à l'époque du payement, parce qu'une fois la lettre de change tirée et sortie de ses mains, il n'est plus, comme le dit le rapport de la commission de la Chambre des dé-putés, « maître de ce qui arrive après et ne doit point » être responsable de ce qu'il ne peut empêcher ». On exige donc, pour qu'il soit tenu au rapport, qu'il ait connu la cessation des payements du tiré quand il crée la lettre de change : rien de mieux quand il l'a tirée lui-même et pour son compte; mais quand elle a été tirée par un autre pour son compte et qu'il n'est pas tireur, mais donneur d'ordre, il semble que sa mauvaise foi doive être exigée au moment où il a donné l'ordre plutôt qu'au moment où la lettre de change est tirée d'après cet ordre, car c'est alors qu'il joue un rôle dans l'opération, et le reste ne dépend pas de lui. Mais le texte est formel. — Le tireur, dont le rapport est ainsi exigé, exercera ses droits avec les autres créanciers, s'il a fourni la provision au tireur : il prendra un simple dividende, si cette provision consiste en une créance contre le tiré; il aura droit à la restitution des objets, si elle consiste en choses corporelles livrées au tiré sans que celui-ci en devienne propriétaire. — Un cas analogue s'est présenté : le tiré étant insolvable, le porteur a recouru contre le tireur et a obtenu de lui son payement; mais le tireur, à cette époque, était en état de cessation de payements et le porteur connaissait cette circonstance. La Cour de cassation (16 juillet 1846) a décidé que l'article 449 devait s'appliquer et que le porteur ne serait pas tenu au rapport. On ne peut pas donner d'autre motif de cette décision que la faveur des lettres de change; car le motif spécial qui justifie l'article 449 manque ici; le porteur avait protesté à l'échéance, il avait donc conservé son recours contre ses garants.

157. B) *Billet à ordre.* — Un commerçant est déclaré en faillite le 1er mars et la cessation des payements reportée au 1er janvier; il doit 10,000 francs à Pierre, et, le 1er février, souscrit en sa faveur un billet à ordre. Si Pierre, le bénéficiaire, garde le billet à ordre et se présente à l'échéance pour en toucher le montant et qu'il en

soit payé, le payement peut être annulé en vertu de l'article 447, s'il y a eu, de sa part, connaissance de la cessation des payements du souscripteur. Si, au contraire, il l'a endossé au profit d'un autre, ce porteur, connût-il, lors de l'échéance, l'état des affaires du souscripteur, ne sera sujet à aucune action en rapport à raison de ce qu'il aura reçu; la raison en est la même que dans le cas précédent : ayant été payé, il n'a pu protester et a ainsi perdu tout recours contre ses garants; et, lui rendît-on ce recours, leur insolvabilité depuis survenue pourrait le rendre inefficace. Mais l'action en rapport pourra être exercée contre le bénéficiaire devenu premier endosseur, à condition qu'il ait su la cessation des payements du souscripteur lors de l'émission du titre. Seulement l'émission du titre qui, en cas de lettre de change, signifiait la création de la lettre de change, signifie le premier endossement dans le cas de billet à ordre, car c'est à ce moment que le bénéficiaire émet le billet, qu'intervient son fait personnel et qu'il faut, par conséquent, considérer sa bonne ou sa mauvaise foi.

§ IV.

Troisième classe de nullités.

158. On a vu suivant quelles distinctions les hypothèques constituées par un failli, depuis la cessation de ses payements ou dans les dix jours précédents, sont valablement acquises à l'égard de la masse : elles sont nulles si elles ont été données pour garantir des dettes antérieurement contractées; si elles sont constituées par le même acte d'où résulte la créance dont elles dépendent, elles sont sujettes seulement à l'annulabilité prononcée par

l'article 447 (V. *supra*, nᵒˢ 148-149). Mais, en supposant un droit de privilége ou d'hypothèque valablement acquis sur les biens d'un failli, il reste à se demander si, dans le délai qui suit la cessation des payements et dans les dix jours qui la précèdent, l'inscription, qui peut seule rendre opposable aux tiers le droit de préférence, peut être utilement prise.

159. La loi du 11 brumaire an VII et le code Napoléon avaient usé sur ce point d'une extrême rigueur. L'article 7 de la loi du 11 brumaire an VII portait que les inscriptions faites dans les dix jours avant la cessation des payements ou depuis ne confèrent point hypothèque; et l'article 2146 du code Napoléon, « qu'elles ne produi- » sent aucun effet si elles sont prises dans le délai pendant » lequel les actes faits avant l'ouverture d'une faillite sont » déclarés nuls ». Ces dispositions avaient été écrites dans un esprit de faveur exagérée pour la masse des créanciers chirographaires, et il n'était pas logique de soumettre aux mêmes règles rigoureuses deux choses très-différentes : l'acquisition du droit et l'accomplissement des formalités destinées à le conserver; il était aussi inique de priver de son hypothèque un créancier qui, souvent, n'avait aucune négligence à se reprocher et s'était trouvé dans l'impossibilité de prendre à temps l'inscription conservatrice de son droit. L'article 443 du code de commerce de 1808 avait été pourtant plus loin encore; en disposant que « nul ne peut acquérir privilége ou hypothèque sur » les biens d'un failli dans les dix jours qui précèdent » l'ouverture de la faillite », il s'étendait à toutes les causes de préférence, à celles mêmes qui résultent de la loi, ainsi qu'aux hypothèques légales même dispensées d'inscription.

La loi de 1838 a été mieux inspirée; elle a mieux fait

la part de tous les intérêts. Le nouvel article 448 est ainsi conçu : « Les droits d'hypothèque et de privilége » valablement acquis pourront être inscrits jusqu'au jour » du jugement déclaratif de faillite. Néanmoins les in- » scriptions prises après l'époque de la cessation des paye- » ments ou dans les dix jours qui précèdent pourront être » déclarées nulles s'il s'est écoulé plus de quinze jours » entre la date de l'acte constitutif du privilége ou de » l'hypothèque et celle de l'inscription ; ce délai sera aug- » menté d'un jour à raison de cinq myriamètres de dis- » tance entre le lieu où le droit d'hypothèque aura été » acquis et le lieu où l'inscription sera prise. » Ainsi, laissant de côté la question de validité de la constitution du privilége ou de l'hypothèque, déjà résolue par l'arti- cle 446, et les supposant valablement acquis, l'article 448 édicte quant à l'inscription une règle particulière : elle pourra être utilement prise depuis la cessation de ses payements ou dans les dix jours précédents, s'il ne s'est pas écoulé plus de quinze jours depuis la constitution du droit, sauf augmentation à raison de la distance ; si un plus long délai s'est écoulé entre ces deux faits, l'inscrip- tion peut être annulée.

160. Nous trouvons donc dans l'article 448 une troi- sième série de nullités qui diffèrent à plusieurs points de vue des précédentes. Elles diffèrent d'abord des nullités édictées par l'article 446 en ce qu'elles ne sont pas ab- solues et que le juge a seulement le droit de les pronon- cer. Elle diffèrent ensuite des nullités établies par l'arti- cle 447 en ce que la liberté laissée au juge s'exerce sur d'autres bases : dans l'article 447, le juge prononce ou ne prononce pas la nullité suivant que le tiers acquéreur a ou n'a pas eu connaissance de la cessation des payements ; dans le cas de l'article 448, il la prononce ou ne la pro-

nonce pas, suivant que le retard du créancier à remplir la formalité de l'inscription peut, ou non, être attribuée à sa négligence; et de là il résulte que la nullité édictée par l'article 448 est applicable aux inscriptions prises dans les dix jours antérieurs à la cessation des payements, au lieu que la nullité édictée par l'article 447 n'est applicable qu'aux actes postérieurs à cette cessation. Il est inutile d'ajouter que l'article 448, comme les articles 446 et 447, édicte une loi qui n'est que dans l'intérêt de la masse, et que le failli remis à la tête de ses affaires ne pourra l'invoquer, car un débiteur ne peut jamais opposer à un créancier qui tient hypothèque de lui le défaut d'inscription ou la nullité de l'inscription de l'hypothèque par lui conférée (1).

161. On peut, dans l'application de l'article 448, se guider par les deux principes suivants sur lesquels il s'élève d'ailleurs plusieurs questions de détail : 1° l'article 448 s'applique en général à tous les priviléges et hypothèques sujets à l'inscription; 2° il ne s'applique qu'aux priviléges et hypothèques.

162. I. L'article 448 s'applique en principe à tous les priviléges et hypothèques sujets à l'inscription. Cette portée générale qui résulte du texte de la loi lui a été cependant contestée, surtout en ce qui concerne les priviléges, et on a soutenu, par exemple, que la nullité facultative que nous étudions est inapplicable aux priviléges pour l'inscription desquels la loi donne un certain délai, en ce sens que la faillite du débiteur survenue pendant ce délai n'empêcherait pas l'inscription de se produire utilement jusqu'à ce qu'il fût expiré ; qu'ainsi la faillite n'empêcherait pas le privilége des copartageants

---

(1) Pont, t. II, n° 730; Cass., 24 juillet 1855.

d'être utilement inscrit pendant soixante jours (C. N. art. 2109), le privilége du trésor public pendant deux mois (loi du 5 septembre 1807) (1). Ajoutons à cette énumération le privilége de séparation des patrimoines qui, nous allons le reconnaître nous-même, est exempt de la déchéance que prononce l'article 448, et le privilége du vendeur qu'une doctrine très-accréditée veut aussi en exempter, et l'article 448, qui s'applique textuellement *aux droits de privilége et d'hypothèque,* ne s'appliquera plus à aucun privilége spécial immobilier, si ce n'est à celui des ouvriers, parce que la loi n'a pas fixé à celui-là un délai pendant lequel il pourra être inscrit avec effet rétroactif au jour de sa naissance (C. N. art. 2110). Une telle conséquence est la condamnation du système, et nous rejetons l'opinion qui veut distinguer dans l'application de l'article 448 les priviléges qui doivent se faire connaître au public par une inscription contemporaine ou antérieure à leur naissance, et ceux qui peuvent être utilement inscrits dans un temps fixé par la loi, car l'article 448 comprend tous les droits qui, en 1838, étaient sujets à inscription (2).

Nous ne reconnaîtrons que trois exceptions à l'article 448 :

163. 1° Le créancier peut faire, depuis la cessation des payements du débiteur, ou dans les dix jours précédents, le renouvellement d'une inscription précédemment prise, pour empêcher, aux termes de l'article 2154 du code Napoléon, la péremption de son droit de privilége ou d'hypothèque, car l'article 448 prononce la nullité des inscriptions, et non pas celle des renouvellements d'in-

(1) Pont, t. II, n° 800.
(2) Demangeat sur Bravard, p. 288, note 1; Mourlon, *Traité de la transcription,* t. II, n° 057.

scription, et le créancier est en règle avec la loi, quand il opère le renouvellement dans le délai de dix ans (1).

164. 2° Un mari est mort en état de cessation de payements et avant que sa faillite ait été déclarée; un tuteur, dont le pupille est devenu majeur, vient de tomber en faillite, mais il ne s'est pas écoulé plus d'un an depuis la dissolution du mariage ou la cessation de la tutelle; la femme ou l'ex-mineur pourra prendre l'inscription qui, aux termes de l'article 8 de la loi du 23 mars 1855, doit être faite pour conserver à l'hypothèque légale de la femme ou du mineur le rang que lui assigne l'article 2135 du code Napoléon. L'article 448, en effet, n'a pas pu prévoir que la loi de 1855 exigerait cette inscription et, par conséquent, s'y référer. D'autre part, des dispositions combinées du code Napoléon et de la loi de 1855 il résulte que l'hypothèque légale de la femme ou du mineur est dispensée d'inscription pendant le mariage ou la tutelle et dans l'année suivante, puisque l'inscription que la loi de 1855 ordonne de prendre pendant cette année n'est utile que pour assurer à l'hypothèque dans l'avenir le rang que lui assigne l'article 2135, et que, dans un ordre ouvert pendant cette année, cette hypothèque, même non inscrite, viendrait au rang indiqué par le code Napoléon, et si l'on admet, comme on ne peut pas s'en dispenser, que les hypothèques, même non inscrites, sont opposables aux créanciers d'une faillite survenue pendant le mariage ou la tutelle, il faut admettre la même décision quand cette faillite intervient dans l'année qui suit la dissolution du mariage ou la cessation de la tutelle. Mais nous n'irons pas plus loin, et nous déciderons avec le tribunal de Mulhouse (24 juillet 1860), dont la Cour de

(1) Demangeat sur Bravard, p. 288, note 1; Mourlon, t. II, n° 658.

Colmara cependant réformé le jugement (15 janvier 1862),
que l'inscription prise après ce délai d'un an pourra
être annulée aux termes de l'article 448; car, une fois
expiré ce délai, le créancier à hypothèque légale est
dans la condition des créanciers ordinaires et, de plus,
il a une négligence à se reprocher (1).

165. 3° L'article 448 nous paraît enfin inapplicable à
la séparation des patrimoines. Ainsi, un homme meurt,
son héritier est un commerçant dont le tribunal a déclaré
la cessation des payements, en la faisant remonter au
jour du décès de son auteur : ou à dix jours plus tard
les créanciers et légataires du défunt peuvent encore
prendre inscription du privilége de séparation des patrimoines. Nous ne justifierons pas cette solution en di-
sant, comme M. Pont (2), que la séparation des patrimoines n'est pas un véritable privilége; nous croyons,
au contraire, qu'elle est un privilége d'une nature particulière, il est vrai, mais donnant le droit de suite aussi
bien que le droit de préférence. Nous invoquerons plutôt
à l'appui les considérations suivantes : d'une part, nous
croyons que les créanciers chirographaires ne sont pas
aptes à se prévaloir de la déchéance qui résulte pour les
créanciers de la succession et pour les légataires de la
non-inscription du privilége de séparation des patrimoines
dans les six mois de l'ouverture de la succession, car
l'article 2111 du code Napoléon dit seulement que :
« avant l'expiration de ce délai, aucune hypothèque ne
» pourra être constituée avec effet sur ces biens, par les
» héritiers ou représentants, au préjudice de ces créan-

(1) Pont, t. II, nᵒˢ 890 et 805; Demangeat sur Bravard, p. 288, note 1,
Mourlon, t. II, nᵒ 873.
(2) Pont, t. II, nᵒ 901.

15

ciers et légataires; » donc l'inscription dans le délai de six mois n'est exigée qu'à l'encontre de ceux qui ont un droit réel à opposer aux créanciers du défunt et à ses légataires. D'autre part, la masse chirographaire de la faillite de l'héritier n'a aucun intérêt à opposer aux créanciers du défunt, ni à ses légataires, le défaut d'inscription; car, les immeubles étant vendus et convertis en valeurs mobilières, les créanciers du défunt opposeraient la séparation des patrimoines par voie d'exception pour se faire payer par préférence sur ces valeurs, aux termes de l'article 880 du code Napoléon, qui ne subordonne l'exercice de la séparation des patrimoines sur les meubles à aucune condition de publicité. Et remarquons enfin que cette situation est toute particulière et que l'inscription dont nous parlons est prise, non pas, comme l'article 448 le suppose, sur les biens du failli, mais sur la succession qui lui échoit, succession que les créanciers du défunt et ses légataires prétendent ne pas laisser se confondre avec son patrimoine, et enlever à ses propres créanciers (1).

166. Mais ce sont là, suivant nous, les seules exceptions que comporte le texte si général de l'article 448, et nous pensons que le privilége du vendeur est soumis à la déchéance résultant de cet article, que, par conséquent, si le vendeur n'a pris inscription de son privilége que depuis la cessation des payements de son acheteur ou dans les dix jours précédents, ou si la vente par lui faite n'a été transcrite qu'à la même époque (la transcription de la vente vaut inscription pour le privilége du vendeur, C. N. art. 2108), et qu'en outre, cette inscription n'ait eu lieu que plus de quinze jours après la

(1) Demangeat sur Bravard, p. 288, note 1; Paris, 30 novembre 1861,

vente, le tribunal pourra juger que le privilége du vendeur est perdu. Mais c'est là une question très-grave,
vivement débattue, et qui implique la solution des pro-
blèmes les plus difficiles que soulève la législation hypothécaire. Elle a été résolue en notre sens par un jugement
très-remarquable du tribunal de Bar-le-Duc (17 mars 1859)
que la Cour de Nancy a confirmé le 6 août suivant, mais
cette jurisprudence a soulevé les réclamations de beaucoup d'auteurs et des objections de tout genre lui ont été
adressées (1).

D'abord, a-t-on dit, le privilége du vendeur ne se conserve pas par l'inscription, mais par la transcription
(art. 2108); or l'article 448 n'est relatif qu'aux inscriptions, donc le privilége du vendeur ne peut être atteint
par cette déchéance. — A cela nous répondons par le
texte même de l'article 2108 : « à l'effet de quoi la trans-
» cription du contrat de vente faite par l'acquéreur vau-
» dra l'inscription pour le vendeur. » Si cette transcription, au point de vue du privilége du vendeur, vaut
inscription, elle ne vaut pas davantage qu'une inscription et, là où une inscription proprement dite serait annulable, par exemple dans le cas de l'article 448, cette
transcription doit l'être aussi. Dira-t-on que l'acte est
indivisible ? Non, car en tant qu'il rend la vente publique
et opposable aux tiers (nous verrons tout à l'heure en
quel sens) il n'intéresse que l'acheteur et, s'il est de son
avantage de le faire au plus tôt, il n'y a pas de raison
pour lui fixer un délai passé lequel il soit forclos; au
contraire, en tant que conservant le privilége du vendeur,
la transcription peut intéresser les tiers et on comprend

<hr/>

(1) Troplong, t. III, n° 650; Demangeat sur Bravard, p. 288, note 1;
Mourlon, t. II, n°s 643 et suiv. — *Contra* Pont, t. II, n°s 900 et suiv.,
et *Revue critique*, t. XVI, 1860, p. 301.

qu'on l'ait obligée à se produire dans un certain délai et soumise à des déchéances qui n'atteignent pas la publicité donnée à la mutation de la propriété. Et, d'ailleurs, il serait singulier que la substitution d'un mode de publicité à un autre, de la transcription à l'inscription, fît varier les règles au point que l'une fût valable tandis que l'autre pourrait être annulée.

Mais une objection plus sérieuse a été adressée à notre système; elle est l'expression d'une théorie particulière sur le privilége du vendeur. Dans ce système, l'acheteur ne devient propriétaire à l'égard des tiers que par la transcription; le vendeur, jusque-là, reste propriétaire et peut revendiquer; par la transcription, il cesse d'être propriétaire et, à ce moment, il retient un privilége, de telle sorte que le privilége ne naît qu'au moment de la transcription, se conserve en même temps qu'il naît, naît, si l'on peut s'exprimer ainsi, conservé. Le vendeur, de cette manière, n'a rien à craindre de la faillite de son acheteur; jusqu'à la transcription, il n'a pas de privilége et n'en a pas besoin, car il a mieux qu'un privilége, la propriété sanctionnée par l'action en revendication contre laquelle aucun événement ne peut prévaloir, pas même la faillite de l'acheteur; après la transcription, il perd la propriété et la revendication, mais il lui reste un privilége, lequel ne peut périr, puisqu'il se conserve en même temps qu'il naît (1). M. Valette répond à cette objection d'une manière victorieuse : « Il n'est pas même » facile *a priori* de reconnaître l'exactitude de cette for- » mule : on ne paraît pas vouloir dire que le vendeur a » le droit d'agir en propriétaire et de revendiquer l'im-

(1) Pont, t. I, nos 256 suiv., t. II, nos 900 et suiv.; Bayle-Mouillar, *Rapport pour un arrêt de cassation*, 1er mai 1860.

» meuble contre l'acheteur sans avoir fait prononcer la
» résolution en justice. Mais alors comment le vendeur
» pourrait-il davantage revendiquer à l'encontre des
» ayants cause du même acheteur, créanciers ou autres,
» qui exercent les droits de ce dernier? Il y a ici un mal-
» entendu évident et nous nous étonnons qu'une doc-
» trine si peu explicable puisse être très-répandue (1). »
En effet, ce système a pour base ce principe : que la transcription seule dessaisit le vendeur à l'égard des tiers, et, par
tiers, on entend les ayants cause de l'acheteur aussi bien
que ceux du vendeur. Or nous contestons cette doctrine
et nous croyons que, par la vente même, l'acheteur devient propriétaire *erga omnes*, en vertu de l'article 1583
du code Napoléon qui reste en vigueur, M. de Belleyme
l'a dit dans la discussion de la loi sur la transcription —
sauf une seule exception, à l'égard de ses ayants cause,
à lui vendeur, qui ont intérêt à ce que la propriété reste
sur sa tête jusqu'à ce que son dessaisissement soit public.
Cela résultait, sous la loi du 11 brumaire an VII, de l'article 26 de cette loi : « Les actes translatifs de propriété
» doivent être transcrits, jusque-là ils ne peuvent être
» opposés aux tiers qui ont contracté avec le vendeur
» et se sont conformés aux dispositions de la présente; »
l'exception au principe du transport de la propriété *solo
consensu* n'était donc relative, sous la loi de brumaire,
qu'aux ayants cause du vendeur. Sous la loi de 1855,
nous pourrions dire tout d'abord qu'elle reproduit le système de la loi de brumaire, mais cet argument nous paraît insuffisant, M. Rouher ayant dit dans la discussion
au Corps législatif qu'on ne voulait accepter que sous
bénéfice d'inventaire la succession de la loi du 11 brumaire an VII. Nous trouvons, du reste, dans le texte

(1) Valette, *Revue pratique*, t. XVI, 1863, p. 436.

même de cette loi la confirmation de notre opinion. D'abord dans l'article 3 : « Jusqu'à la transcription, les » actes et jugements énoncés aux articles précédents ne » peuvent être opposés à ceux qui ont acquis des droits » sur l'immeuble et se sont conformés aux lois pour les » conserver; » cette disposition, quoique moins explicite que celle de la loi de brumaire, nous paraît cependant formelle, car elle revient à dire que l'acheteur qui n'a pas transcrit ne peut opposer son droit aux tiers; mais de quels tiers cela peut-il s'entendre, sinon de ceux qui ont contracté avec le vendeur, les seuls que son titre puisse léser, les seuls qui aient des intérêts contraires au sien? L'article 6 fournit un argument plus direct en ce qui touche le privilége du vendeur, quand il dit qu'en cas de revente il pourra être utilement inscrit pendant quarante-cinq jours, à compter de la première vente : cela suppose évidemment que la première vente, celle d'où est né le privilége, n'a pas été transcrite. Comment dire que le privilége ne naît que par la transcription, quand on rédige un article pour nous dire comment il se conserve quand il n'y a pas eu de transcription? Donc la vente dessaisit le vendeur à l'égard de l'acheteur et de ses ayants cause; il conserve contre eux non pas la revendication, mais un droit de rétention s'il a encore la chose dans ses mains (C. N. art. 1612), et, si elle n'y est plus, un droit de résolution (C. N. art. 1654) et un privilége (C. N. art. 2103). Ce privilége naît au moment de la vente, se conserve par la transcription et, sa conservation étant postérieure à sa naissance, il peut se perdre dans l'intervalle; il naît avant d'être conservé et peut se perdre après être né si les actes conservatoires n'ont pas été accomplis à temps (1).

(1) Mourlon, t. II, nos 625 et suiv.; Duverger, *Revue pratique*, t. X, 1860, p. 627.

Reste enfin l'objection tirée de l'équité. « S'il fallait se
» déterminer par le sentiment de l'équité, dit M. Pont (1),
» il n'y aurait pas de vente possible. Voici que j'aliène
» tout mon bien et le vends en viager, parce que ses pro-
» duits ordinaires ne suffisent pas aux besoins de ma vie ;
» mais à peine en possession, mon acquéreur est déclaré
» en faillite, et parce que le contrat que j'ai fait avec lui
» n'était pas encore transcrit au moment où l'événement
» s'est produit, les créanciers de la faillite pourront me
» dire que mon bien est perdu pour moi, du moins qu'il
» est désormais une portion de l'actif de la faillite, et que
» tous mes droits se réduisent à venir au marc le franc
» avec les autres créanciers et à prendre ce qui pourra
» m'échoir, peu ou point, pour mon prorata dans la
» masse à partager. Quoi de plus inique qu'une pareille
» prétention ? Évidemment j'ai aliéné mon bien à la con-
» dition de recevoir la rente stipulée, l'acquéreur ne
» serait resté propriétaire qu'en la payant : comment
» donc les créanciers de la faillite, auxquels je ne dois
» rien, pourraient-ils retenir une chose sans la payer
» et s'enrichir à mes dépens? » Ces considérations peuvent tout aussi bien s'appliquer à une autre hypothèse
qui pourtant ne fait pas de doute : voici que je prête en
viager un petit capital dont les revenus ne suffisent pas
aux besoins de ma vie, mais que mon débiteur est déclaré en faillite sans que j'aie pu inscrire l'hypothèque
qu'il m'a donnée; je la perdrai évidemment pour ne venir
qu'au marc le franc avec les autres créanciers. Raisonner
ainsi, c'est donc faire le procès à la loi. D'ailleurs, en
matière de faillite, l'équité, c'est l'égalité, et le code
qui a sacrifié à ce principe les droits si respectables et

(1) T. II, n° 902.

ordinairement si respectés des femmes a bien pu lui sacrifier les droits du vendeur.

167. En supposant que le vendeur ait vu son privilége repoussé par le tribunal, conservera-t-il au moins son action résolutoire? Cette question est également controversée. Un premier système enseigne que l'action résolutoire est perdue en même temps que le privilége, et il invoque la généralité de l'article 7 de la loi du 23 mars 1855 : « L'action résolutoire établie par l'article 1654 » du code Napoléon ne peut être exercée après l'extinc- » tion du privilége du vendeur (1). » Un second système distingue : l'action résolutoire peut être exercée jusqu'à ce que les syndics aient pris l'inscription hypothécaire dont il est question dans les articles 490 et 517 du code de commerce, mais plus tard elle ne peut plus être admise. Ce système se fonde sur l'interprétation qu'il donne de l'article 7 de la même loi; il continue, en effet : « Au » préjudice des tiers qui ont acquis des droits sur l'im- » meuble du chef de l'acquéreur et qui se sont confor- » més aux lois pour les conserver. » Aux termes de cet article il faut, pour pouvoir l'invoquer, avoir acquis des droits sur l'immeuble et les avoir conservés en se conformant aux lois, c'est-à-dire en les publiant; or la masse de la faillite n'a satisfait à cette condition que lorsqu'elle a pris l'inscription hypothécaire en vertu des articles 490 et 517 du code de commerce; jusque-là il n'y a que des créanciers chirographaires (2). Mais nous décidons que l'action résolutoire peut toujours être exercée, après même que l'inscription hypothécaire a été prise en vertu

---

(1) Troplong, *Traité de la transcription*, nos 205 et suiv., 282; Nancy, 9 août 1859.

(2) Montpellier, 6 avril 1859.

des articles 490 et 517. En effet, les créanciers chirographaires, on le reconnaît, ne peuvent invoquer l'article 7
de la loi de 1855 ; or la masse de la faillite cesse-t-elle,
pour avoir pris cette inscription, d'être chirographaire à
l'égard du vendeur? Non; l'hypothèque qui résulte pour
les créanciers de la faillite des articles 490 et 517 du
code de commerce ne sert qu'à assurer les droits de la
masse de la faillite contre ceux que pourrait conférer le
failli après avoir obtenu un concordat ou après la dissolution de l'union; elle n'a pas d'autre but, et il n'en résulte pas que les créanciers du failli acquièrent, à l'encontre du vendeur, des droits qu'ils n'avaient pas encore
et la qualité de tiers qui jusque-là ne leur appartenait
pas. Le droit réel que l'hypothèque confère aux créanciers de la faillite n'affecte les biens du failli qu'en l'état
où ils sont et avec les charges qui les grèvent (1). La
Cour de cassation s'est rangée à cette doctrine, mais
nous n'admettons pas le motif qu'elle en a donné : elle a
dit que l'action résolutoire n'est pas perdue pour le vendeur, parce que le privilége auquel elle se rattache et
dont l'article 448 annule l'inscription n'a pas péri; mais
« dire que le privilége lui-même est désormais inexis-
» tant vis-à-vis de la masse, et que le droit de résolution
» qui ne peut survivre au privilége sera très-bien exercé
» vis-à-vis de la même masse, c'est évidemment se
» contredire (2). »

168. II. L'article 448 ne s'applique qu'aux priviléges
et hypothèques. Entre la nullité qui résulte du dessaisissement et celle que l'article 448 fait résulter de la cessa-

---

· (1) Mourlon, t. II, nos 812 et suiv., Demangeat sur Bravard, p. 288,
note 1; Cass., 1er mai 1860.

(2) Demangeat sur Bravard, p. 288, note 1.

tion de payements, il y a plusieurs différences : ainsi l'une est absolue, l'autre n'est qu'une annulabilité; mais surtout la première a une sphère d'application bien plus large que la seconde. Par exemple, quand l'article 448 dispose *a contrario* que le jugement déclaratif de faillite met un terme à toute inscription qu'on voudrait prendre du chef du failli, il en faut dire autant de tout acte par lequel un tiers voudrait consolider sur sa tête un droit acquis antérieurement, car le jugement déclaratif opère au profit de la masse des créanciers sur les biens de la faillite une sorte de mainmise par l'effet de laquelle rien ne peut plus être changé à la situation actuelle des choses, ni aucun droit être acquis à l'un des créanciers au préjudice des autres. C'est l'application, non pas de l'article 448, mais de l'article 443 : « Le jugement déclaratif » de faillite emporte, à partir de sa date, le dessaisisse- » ment pour le failli de l'administration de ses biens. » Tout au contraire, l'annulabilité qui, aux termes de l'article 448, résulte de la cessation de payements s'applique aux inscriptions de privilége ou d'hypothèque seulement et ne doit pas être étendue à d'autres actes; les nullités sont toujours *strictissimæ interpretationis* (1).

Nous avons déjà plusieurs fois eu l'occasion d'appliquer ce principe. Ainsi nous avons décidé : 1° que le cessionnaire d'une créance cédée par un commerçant n'est plus à temps après le jugement déclaratif de faillite pour faire au débiteur cédé la signification ou obtenir de lui l'acceptation qui seule peut saisir le cessionnaire à l'égard des tiers; mais que, jusqu'au jugement déclaratif, ces actes et l'ensaisinement qui en résulte peuvent vala-

(1) Demangeat sur Bravard, p. 205, note 1. — *Contra* Bravard, p. 205.

blement intervenir (V. *supra*, n° 146); 2° nous avons fait
la même distinction pour la constitution d'une créance
en gage faite par un commerçant au profit de l'un de ses
créanciers (V. *supra*, n° 149). Nous ne signalerons plus,
pour terminer, qu'une dernière conséquence de la même
doctrine : celui qui a reçu du failli une donation immobilière ou un droit réel sujet à transcription en vertu de
la loi du 23 mars 1855 peut utilement faire transcrire
l'un ou l'autre acte jusqu'au jugement déclaratif de faillite, tandis que cette transcription serait nulle après ce
jugement. Cette décision peut être contestée et elle l'a
été en ce qui concerne le temps postérieur au jugement
déclaratif de faillite, mais ce serait sortir de notre sujet
que de nous jeter dans cette discussion. Quant à l'époque
antérieure au jugement déclaratif, cette doctrine nous
semble incontestable : l'article 448 ne parle que de l'inscription, dont la transcription n'est pas atteinte par la
nullité qu'il édicte. Nous avons, il est vrai, décidé que la
transcription de la vente faite à un failli dans les dix
jours qui précèdent la cessation de ses payements ou
depuis cette cessation, et plus de quinze jours après la
vente, pourra être annulée aux termes de l'article 448, en
tant que conservatrice du privilège du vendeur, mais
c'est qu'aux termes de l'article 2108 elle ne vaut qu'inscription à cet égard et rentre, par conséquent, dans les
termes de l'article 448 (1).

(1) Troplong, t. III, n°ˢ 1158-1161; Aubry et Rau, t. VI, § 704, texte
et note 19; Demangeat sur Bravard, p. 295, note 1; Rej., 24 mai 1848.
— *Contra* Bravard, p. 295; Montpellier, 27 avril 1840.

PROPOSITIONS.

I. DROIT ROMAIN.

I. Les créanciers hypothécaires peuvent avoir intérêt à intenter l'action Paulienne, et elle leur est accordée.

II. Le créancier qui est payé d'une dette échue, mais ne lui donnant droit qu'à un dividende après la *missio in possessionem*, n'est pas soumis à l'action Paulienne, quand même le débiteur aurait fait ce payement *cum consilio fraudis*.

III. Le créancier payé d'une dette non échue, mais dont l'échéance devait arriver avant la *missio in possessionem*, ou d'une dette qui, étant privilégiée, devait être intégralement payée après la *missio in possessionem*, n'est obligé de restituer l'*interusurium* aux créanciers que s'il a reçu le payement *cum consilio fraudis*.

IV. Le pupille qui a participé, même de bonne foi, à l'aliénation faite à titre onéreux par un débiteur insolvable et de mauvaise foi est tenu de l'action Paulienne.

V. L'acquéreur de mauvaise foi, poursuivi par l'action Paulienne, doit restituer les fruits qu'il a perçus ou dû percevoir depuis l'aliénation et avant la *litiscontestatio*, quand même ils n'auraient pas été pendants par branches ni par racines lors de l'aliénation frauduleuse.

VI. Le délai de l'action Paulienne court à partir de la *venditio bonorum*.

VII. Dans les actions arbitraires et à l'époque classique, le *jussus judicis* est susceptible d'exécution *manu militari*, pourvu qu'il ne s'agisse pas d'un acte juridique exigeant le concours de la volonté du défendeur.

VIII. L'effet des *judicia imperio continentia* relativement à la péremption se produit encore à l'époque classique dans les provinces sénatoriales.

II. DROIT FRANÇAIS.

1° DROIT CIVIL.

I. L'action Paulienne est toujours une action personnelle.

II. L'action Paulienne ne peut être intentée par les créanciers postérieurs à l'acte frauduleux, à moins que la fraude n'ait été dirigée spécialement contre eux.

III. La renonciation à l'usufruit paternel peut être révoquée comme faite en fraude des créanciers, à moins qu'elle ne résulte d'une émancipation.

IV. Les créanciers qui veulent faire révoquer une donation entre époux sont soumis aux conditions ordinaires de l'action Paulienne.

V. L'acceptation d'une succession peut être révoquée comme faite en fraude des droits des créanciers.

VI. Les créanciers peuvent faire annuler la renonciation de leur débiteur à la prescription en prouvant l'intention frauduleuse de celui-ci.

VII. Les créanciers, soit chirographaires, soit hypothécaires, qui n'ont pas fait opposition au partage d'une succession, communauté ou société, ne peuvent l'attaquer, quand même il aurait été fait en fraude de leurs droits; mais l'article 882 du code Napoléon ne s'applique qu'aux partages judiciaires.

VIII. L'intention frauduleuse du débiteur est une condition essentielle de l'action Paulienne, alors même qu'elle est dirigée contre des actes à titre gratuit.

IX. La constitution de dot est, au point de vue de l'action Paulienne, un acte à titre onéreux à l'égard du mari, à titre gratuit à l'égard de la femme.

X. Le défendeur à l'action Paulienne a un recours contre le débiteur frauduleux redevenu solvable.

XI. Les créanciers postérieurs à l'acte frauduleux ne profitent pas de la révocation obtenue par les créanciers antérieurs.

XII. L'action Paulienne se prescrit par trente ans à compter de l'acte frauduleux.

2° DROIT COMMERCIAL.

I. Un commerçant peut être déclaré en faillite alors même qu'il n'a encore refusé aucun payement.

II. Les nullités édictées par les articles 447-449 du code de commerce ne peuvent s'appliquer qu'autant que la faillite a été préalablement déclarée par un tribunal de commerce.

III. La donation faite par un commerçant est nulle de droit si elle n'a pas été acceptée par le donataire et l'acceptation notifiée au donateur plus de dix jours avant la cessation de ses payements.

IV. La cession ou la mise en gage d'une créance par un commerçant est opposable à la masse de la faillite, pourvu que la signification ait été faite au débiteur ou l'acceptation obtenue de lui avant le jugement déclaratif de faillite, fût-ce même depuis la cessation de ses payements ou dans les dix jours qui auront précédé.

V. L'inscription de l'hypothèque légale de la femme mariée ou du mineur, prescrite par l'article 8 de la loi du 23 mars 1855, peut être utilement prise après la cessation des payements du mari ou de l'ex-tuteur ou dans les dix jours précédents, pourvu qu'il ne se soit pas écoulé plus d'un an depuis la dissolution du mariage ou la cessation de la tutelle.

VI. La transcription de la vente faite à un commerçant peut être annulée en tant qu'elle conserve le privilége du vendeur, si elle est faite plus de quinze jours après la vente, et depuis la cessation des payements de l'acheteur ou dans les dix jours qui l'auront précédée.

3ᵉ DROIT CRIMINEL.

I. La récidive de délit à crime n'est pas une cause d'aggravation de la peine, lorsque, à raison des circonstances atténuantes, le crime n'est puni que de peines correctionnelles.

II. Un tribunal criminel ne peut condamner comme banqueroutier un commerçant qui n'a pas été déclaré en faillite par un tribunal de commerce.

DROIT DES GENS.

I. Les bâtiments de commerce étrangers, stationnant dans un port français, sont soumis à la juridiction territoriale pour les délits entre étrangers, spécialement entre gens de l'équipage, quand ils ne rentrent pas exclusivement dans la discipline du bord.

II. L'immunité des ambassadeurs en matière civile, consacrée par le décret du 13 ventôse an II, s'étend même au cas où la citation qu'on voudrait leur adresser ne serait pas faite en vertu d'un acte entraînant la contrainte par corps.

16

HISTOIRE DU DROIT.

I. Dans la partie de leur royaume située au nord de la Loire les rois Francs assujettirent les Galio-Romains à la juridiction commune.

II. L'origine de la donation *propter nuptias* se trouve dans le développement du droit romain lui-même sur les donations entre futurs époux.

Vu par le président de la thèse,

L. DE VALROGER.

Vu par le doyen,

C. A. PELLAT.

Permis d'imprimer :

Le vice-recteur de l'Académie de Paris,

A. MOURIER.

TABLE DES MATIÈRES.

DROIT ROMAIN.

DROIT FRANÇAIS.

I. DROIT CIVIL.

II. DROIT COMMERCIAL.

FIN.

www.ingramcontent.com/pod-product-compliance
Lightning Source LLC
Chambersburg PA
CBHW071638200326
41519CB00012BA/2337